Sexe, drogue
et natation

Amaury Leveaux
avec la collaboration de Christophe Quillien

Sexe, drogue et natation

Un nageur brise l'omerta

Fayard

Couverture : Antoine du Payrat
Photographie : Amaury Leveaux s'entraîne pour les championnats du monde à Melbourne (Australie) en 2007
© Cameron Spencer/Getty Images.

ISBN : 978-2-213-68606-6

Prologue

Août 2013.

Voilà, c'est fini.

Je range les maillots et les serviettes, les bonnets et les lunettes. Je ne suis pas fâché de mettre un terme à ma carrière. Terminé, la natation. Terminé, les levers à six heures en plein hiver, les longueurs enchaînées dans une eau à 26 degrés – ceux qui s'imaginent qu'elle est bonne peuvent toujours venir faire l'expérience, je les attends. Terminé, les départs sur mon scooter au petit matin, le guidon gelé et les lèvres scotchées par le froid. Lancer le bras gauche, tirer de l'eau, pousser avec les jambes… Lancer le bras droit, tirer de l'eau, pousser avec les jambes… Et recommencer, encore et toujours. La vie d'un nageur professionnel ne ressemble pas à autre chose. Au lieu de pousser un rocher le long d'une pente, comme Sisyphe dans la mythologie grecque, on tire de l'eau, une eau remplie de chlore à s'en bousiller les yeux et les poumons. Heureusement qu'il y a un mur au bout du bassin. Sinon, j'aurais été capable de nager sans jamais m'arrêter, et je ne sais pas où j'en serais aujourd'hui. J'ai calculé : en tout, dans ma carrière, à raison de cinq mille kilomètres par an, j'ai dû en parcourir à peu près soixante-dix mille…

Ce n'est pas que je n'aimais pas nager, au contraire. J'ai adoré ça, vraiment. J'ai pris du plaisir à être dans l'eau et à sentir mon corps glisser. Pendant les grandes compétitions, je savourais le bruit de l'eau qui coulait dans les rigoles. C'est la plus belle ambiance dont on puisse rêver. On sent que l'atmosphère est électrique, il n'y a pas un bruit autour de nous, comme si le cœur du monde s'était arrêté de battre. Au moment où j'entrais dans la piscine, j'étais concentré sur la course. Je n'entendais même pas les cris du public, je n'aurais pas su dire si les spectateurs hurlaient ou s'ils restaient silencieux. La montée sur le plot, le signal « À vos marques », ce petit bruit électronique – « *ploup* » – qui donne le départ de la course… J'ai toujours trouvé ça merveilleux.

J'aimais aussi l'odeur du chlore, qui me sautait aux narines dès que j'entrais dans la piscine, le matin. Je suppose que c'est la même chose pour les joueurs de foot ou de rugby avec l'odeur de la pelouse. Le chlore fait vraiment partie de nous-mêmes. On ne le sait pas forcément, mais, quand on nage, pendant l'entraînement, on tousse. Ses vapeurs flottent à la surface de l'eau et pénètrent dans notre organisme de manière sournoise. Elles nous irritent et finissent par nous brûler. De toute façon, nous n'avons pas le choix : il est impossible de s'en débarrasser. On a beau se laver comme un forcené, multiplier les douches et les lotions, elle ne disparaît pas. On dirait qu'elle est incrustée en nous, qu'elle fait à jamais partie de notre corps, qu'elle s'est installée pour l'éternité dans notre cerveau. Le chlore, c'est en quelque sorte l'ADN du nageur, son passeport olfactif. C'est un signe de reconnaissance qui nous permet de nous identifier les uns les autres, tout comme les anneaux olympiques tatoués sur le corps des athlètes qui ont eu la chance de participer aux Jeux.

J'ai surtout apprécié tout ce que cette vie de sportif m'a offert. J'ai voyagé, j'ai fait de belles rencontres, j'ai changé de milieu social. J'ai pu satisfaire mes envies et mes caprices, me faire plaisir et faire plaisir à mes proches. Trop, parfois. L'argent et le succès ne font pas que du bien.

Mais j'ai travaillé dur pour en arriver là. J'ai avalé des kilomètres d'eau, j'ai enchaîné les longueurs sans réfléchir, comme un robot. J'ai supporté des entraîneurs hystériques et d'autres qui se prenaient pour des flics. Quand j'y repense, je me demande comment j'ai pu accepter tout ça. Quand on entrevoit qu'il n'y a pas que la natation dans l'existence, on se demande si l'on n'est pas passé à côté de quelque chose d'essentiel.

Le quotidien d'un nageur de haut niveau ne ressemble pas à ce que les gens s'imaginent. Il ne faut pas se fier aux belles images de la télé ou aux articles dans les journaux. De loin, tout paraît merveilleux. Des corps sculptés, des jeunes gens en bonne santé, une saine rivalité, une forte amitié entre camarades de bassin… Arrêtez, là ! On se croirait dans une publicité pour Hollywood Chewing Gum. Je dois reconnaître que notre génération, celle des Laure Manaudou, Alain Bernard, Frédérick Bousquet et tous les autres, a largement contribué à donner une vision positive et valorisante de la natation. Mais il faut aller voir derrière le miroir, au-delà des apparences, quand les lumières de la piscine se sont éteintes et que la clameur des bassins s'est tue.

Nous ne vivons pas au pays de Oui-Oui, là où tout est beau et merveilleux. Il y a des haines et des rivalités. Des jalousies et des rancœurs. Des coups de poignard dans le dos et des trahisons. Il ne faut pas se voiler la face : le petit monde de la natation n'est pas couleur bleu lagon. Malheureusement, personne ne le dit jamais. On voudrait nous faire croire que tout n'est que luxe, calme et volupté, esprit sportif, dépassement de soi et sérénité. Mais la réalité se décline aussi sur un autre mode. Je sais de quoi je parle, je ne suis pas le dernier à avoir franchi la ligne jaune.

Aujourd'hui, j'ai envie de témoigner, pour dépasser les clichés trop souvent accolés à l'image de mon sport. J'en ai marre de lire des livres de souvenirs gnangnan et des autobiographies à l'eau de rose. Marre des discours policés et bien bordés, des réponses de premier de la classe aux cheveux bien peignés, des leçons de com' apprises par cœur et bien récitées. Marre des interviews bidon dans lesquelles le deuxième d'une course dit qu'il est content malgré tout et qu'il essaiera de faire mieux la prochaine fois. Moi, quand je ne gagnais pas, je faisais la gueule. Il est gentil, Pierre de Coubertin, mais je n'ai jamais pensé que l'essentiel était de participer. L'essentiel, c'est de gagner.

J'ai envie de parler, tout simplement pour raconter l'envers du décor. Attention, je n'ai pas de compte à régler, pas de revanche à prendre, pas de frustration à dépasser. J'ai décroché je ne sais combien de médailles, remporté je ne sais combien de titres de champion de France, d'Europe et du monde. J'ai vécu des situations de folie que je pensais réservées à d'autres que moi. Je me suis amusé, j'ai gagné de l'argent et j'ai obtenu la reconnaissance. En un mot, je me suis bien éclaté grâce à la natation.

Mais la vie entre les lignes des bassins n'est pas aussi rectiligne qu'elle le paraît, et il faut avoir l'honnêteté de le dire. C'est ce que j'ai voulu faire avec ce livre. Et tant pis si j'abîme mon image en dévoilant ce qui se trame en coulisse. À vrai dire, je m'en fous. Je n'ai jamais pratiqué la langue de bois, et ce n'est pas aujourd'hui que je vais commencer.

Faire la bombe

La piscine, ça sert à s'amuser. Et à rien d'autre.

Nager, quelle drôle d'idée ! Pourquoi s'ennuyer à aligner des longueurs de bassin alors qu'il est tellement plus marrant de sauter dans l'eau jusqu'à en éclabousser le plafond ? J'aime mieux faire la bombe pour embêter les autres nageurs et m'éclater avec les copains. C'est ça, la vraie vie ! J'ai treize ans, c'est l'été, il fait chaud et je suis heureux. J'ai trouvé un « petit boulot » à la piscine pour les vacances. Le soir, après la fermeture, je ramasse les trucs qui traînent un peu partout et je nettoie la pelouse. Je ne gagne pas un centime, mais j'ai droit à un paquet de bonbons, une glace à l'eau et une boisson. C'est toujours ça de pris que maman n'aura pas à acheter.

À la maison, l'argent est une denrée rare. Si je peux aider à ma manière, je suis content. Ma mère bénéficie de tarifs préférentiels pour envoyer ses trois enfants à la piscine pendant les mois d'été. Pour la modique somme de dix francs en plus des chèques vacances de la CAF, nous avons droit à une entrée permanente durant les vacances scolaires. Cela nous donne l'impression d'être riches et de ressembler à ceux de notre âge. Pour nous, c'est important. À l'adolescence, on déteste se sentir différent et ne pas pouvoir faire la même chose que les autres. On n'aime pas avoir l'impression d'être pauvre, même s'ils n'ont pas forcément plus de moyens financiers que nous. Le matin, avant de partir au travail, maman nous prépare des sandwichs. Nous arrivons à dix heures et repartons le soir à dix-neuf heures. Le midi, nous déjeunons avec les copains de la cité, assis sur la pelouse. L'école est loin derrière nous, on ne pense pas encore à la rentrée, on se dit que l'été ne s'arrêtera jamais et que les vacances dureront toujours.

Pendant les deux dernières semaines du mois d'août, l'entraîneur du club de natation, Vincent Léchine, s'occupe d'un groupe de nageurs. Ils reprennent l'entraînement pour préparer la rentrée. Le rythme est tranquille. Je les regarde enchaîner les longueurs avant de me laisser glisser dans l'eau pour nager avec eux. Je commence à les suivre, puis je les dépasse sans trop d'efforts. Je ne m'en aperçois pas, mais Vincent m'observe discrètement depuis le bord du bassin. Je ne fais pas attention à lui. J'ai juste envie de profiter encore des plaisirs de l'eau avant de rentrer chez moi.

À force de venir tous les jours, il finit par se dire que je pourrais rejoindre le groupe. Moi, je n'y pense même pas. Je prends du plaisir à nager, j'aime bien dépasser les autres et toucher le mur avant eux, comme si je participais à une course, mais ça ne va pas plus loin. Je ne m'imagine pas une seconde dans la peau d'un nageur de compétition. Je n'ai aucune envie de nager par obligation, de venir à la piscine tous les soirs à heure fixe, de m'imposer une discipline. Déjà, dans ma vie de tous les jours, je suis rebelle à toute forme de contrainte. Ce n'est pas à la piscine que je vais commencer à m'embêter avec des règles à respecter.

*

* *

Sans me demander mon avis, Vincent Léchine a parlé à ma mère. Il l'a convoquée en lui disant qu'il voulait avoir une petite discussion avec elle. Maman s'est inquiétée. Elle a tout de suite imaginé que j'avais commis une bêtise – une de plus, s'est-elle dit dans un soupir. Elle me trouve turbulent, elle ne sait pas toujours comment canaliser mon énergie, la natation lui semblait pourtant être l'activité idéale pour me donner un cadre. Si même à la piscine je ne réussis pas à me discipliner, elle ne voit pas très bien ce qu'elle va pouvoir faire de moi.

Vincent a tenu à ce que je participe au rendez-vous. La conversation s'engage mal. Il attaque très fort en expliquant que je ne pense qu'à m'amuser, que je dérange les autres nageurs en sautant dans le bassin pour les asperger et que je ne respecte pas les règles de vie collective. Ma mère n'a pas besoin d'un long discours pour se dire que je ne fais que des âneries. Sans même le laisser poursuivre, elle me retourne une gifle en guise d'acompte, en attendant une explication les yeux dans les yeux à la maison. Ça commence bien…

Vincent est étonné d'une telle réaction de sa part. S'il avait su, il s'y serait pris autrement. Heureusement, il rattrape la situation. Non, qu'elle se rassure, je ne suis pas plus dur ou plus turbulent que les autres, et ce n'est pas une petite bombe de temps en temps qui va me faire renvoyer de la piscine. J'ai le comportement des enfants de mon âge, c'est normal. Je ne suis ni pire ni meilleur. Mais le plus important, à ses yeux, c'est que je suis doué pour la natation. Il aimerait que je m'inscrive au club. J'ai « du potentiel », comme il dit. Si je voulais, je pourrais même aller loin. Je pourrais gagner des courses, remporter des médailles, décrocher des titres. Il en est persuadé. Maman ne s'attendait pas à entendre un tel discours, elle qui s'est toujours demandé si je réussirais un jour à faire quelque chose de bien. Je ne m'y attendais pas non plus. Ma mère est plutôt séduite, tant mieux pour elle. Pas moi…

Ces perspectives ne m'enchantent pas vraiment. Il est gentil, Vincent, je l'aime bien et je le respecte. Il me promet un avenir doré, il me dessine un horizon auquel je n'avais jamais songé, il est en train de me façonner une carrière, des succès et des lendemains qui chantent, mais ça ne m'intéresse pas. Je n'ai pas envie de devenir nageur.

Je n'ai pas envie de passer mes journées à enchaîner des kilomètres avec pour seule motivation le mur du bassin, bien installé entre les lignes qui dessinent les longueurs. Et je ne me gêne pas pour le lui dire. Je me braque, je me renfrogne, je me bute en expliquant que la seule chose qui me plaît, c'est de m'amuser dans l'eau, pas de devenir un professionnel de la natation.

*

* *

Et puis, finalement, je réfléchis. Je me dis qu'il a peut-être raison. Cela vaut le coup d'essayer. J'aime l'eau, j'aime nager, rien ne m'empêche de tenter l'expérience tout en continuant à m'éclater avec les autres. Je n'ai rien à perdre. Aussi, quand Vincent me demande une nouvelle fois si je suis prêt à venir m'entraîner toute l'année sous sa direction, je finis par dire oui. Mes hésitations et ma mauvaise humeur se sont envolées. Le seul obstacle, aux yeux de ma mère, c'est l'argent. Elle n'a jamais voulu faire de différence entre ses trois enfants. Si elle m'inscrit, elle devra aussi le faire pour mon frère et ma sœur, et elle n'a pas de quoi payer trois licences. Pour Vincent Léchine, ce n'est pas un problème. Il en parlera à la présidente du club, il se fait fort de plaider ma cause et d'obtenir des conditions préférentielles.

Ce rendez-vous est un petit miracle. Sur le chemin de la maison, je me sens tout joyeux. Quelque chose me dit que ma vie va changer. À la fin des vacances, au moment de préparer mes affaires pour la rentrée, je sens une excitation nouvelle s'emparer de moi. D'habitude, la perspective du retour à l'école ne m'emballe pas. À la différence de ma sœur, je ne manifeste pas un goût excessif pour les livres et les cahiers. J'aime apprendre, découvrir, mais je déteste rester enfermé toute une journée entre quatre murs à écouter un prof me rabâcher un cours ennuyeux. Cette fois, c'est différent. Continuer à nager pendant l'année scolaire, c'est aussi l'occasion de prolonger les vacances…

Enfance

Je suis né à Belfort, le 2 décembre 1985. J'ai grandi à Delle, une commune de Franche-Comté de six mille habitants, située tout près de la frontière suisse. Je ne suis pas le seul sportif dont le nom est attaché à la cité : c'est là qu'est né Jacques Santini, l'ancien footballeur et sélectionneur de l'équipe de France. Ma sœur Amandine est arrivée deux ans après moi et notre petit frère Aurélien est né en 1989.

Mes parents se sont séparés quand j'avais six ans. Ma mère était très amoureuse de mon père. C'était l'homme de sa vie, mais elle ne supportait plus sa jalousie maladive. Il voulait qu'elle soit sa « chose ». Il refusait de la voir travailler et passait son temps à lui prêter des liaisons imaginaires. Si elle avait le malheur d'adresser la parole à un homme, il l'accablait de reproches. Un banal regard, un simple « bonjour » de politesse ou une discussion un peu trop longue avec un voisin suffisaient à le plonger dans de terribles colères. Quand il parlait d'elle à d'autres personnes, il la décrivait pourtant comme une femme merveilleuse. Mais, quand nous étions à la maison, il ne cessait de la rabaisser. Et devant nous, pour ne rien arranger. Forcément, elle s'est mise à douter d'elle, de ses capacités et de sa relation avec son mari.

Dans un geste de survie, elle a décidé de braver l'interdit et de chercher du travail. Pour se prouver qu'elle valait quelque chose et pour casser cette spirale infernale qui risquait de la mener tout droit à la dépression. Pour exister, tout simplement. Pour gagner de l'argent et améliorer notre quotidien, aussi. Grâce à son premier salaire, elle s'est offert le permis de conduire. Sans s'en rendre compte sur le moment, elle venait d'effectuer son premier pas vers une autonomie financière et une liberté de mouvement. Cet argent rendait la vie quotidienne plus facile ou, en tout cas, un peu moins difficile. Mais il pouvait aussi déclencher une catastrophe domestique, comme ce jour où maman a acheté un gâteau pour fêter leurs six ans de mariage. Elle était heureuse de faire plaisir à ses enfants et à ce mari qu'elle ne pouvait s'empêcher de continuer à aimer, en dépit de ses accès de jalousie qui lui rendaient la vie impossible.

L'intention était louable, à un détail près. Un petit détail de rien du tout pour n'importe qui, sauf mon père : le gâteau avait la forme d'un cœur. Dans un de ces raisonnements tordus dont il avait le secret, ce cœur était la preuve évidente que ma mère avait une liaison. Une preuve d'autant plus flagrante qu'elle ne lui avait pas parlé de ce gâteau. C'était bien le signe qu'elle lui dissimulait quelque chose, non ?

Quand il a découvert l'objet supposé du délit de tromperie, il s'est lancé dans une de ces scènes habituelles qui pourrissaient notre vie de famille. Elle avait un amant, point à la ligne. Il le savait, ce n'était pas la peine de lui mentir. Il y avait de quoi devenir folle. De quoi changer de vie, recommencer à zéro avec ses enfants pour échapper à cette relation qui risquait de la détruire. Pourtant, c'est mon père qui est parti.

*

*   *

Un matin, maman a été réveillée par le bruit de la porte d'entrée qui se fermait. Sur la table de la cuisine, elle a trouvé un petit mot qu'il avait griffonné à la hâte. Il lui expliquait qu'il avait besoin de prendre le large, qu'il n'en pouvait plus de cette relation et qu'il lui laissait trois cents francs pour les enfants. Maintenant qu'elle était autonome et qu'elle gagnait de l'argent, elle pourrait s'en sortir et nous élever tous les trois. Pour ma mère, ce départ a servi de déclic. Elle a décidé de réorganiser son existence. Et quand mon père a voulu revenir une semaine après, elle avait déjà tourné la page. Ce qui comptait pour maman, désormais, c'était de s'occuper de nous, de trouver de quoi nous élever et de se prendre en charge toute seule.

Je ne suis pas sûr d'avoir tout compris, à ce moment-là, à ces drôles d'histoires d'adultes. Tout ce que je voyais, c'est que la vie à la maison aurait pu être agréable si mon père ne s'était pas montré aussi jaloux. Je me souviens encore de ces promenades le dimanche, quand nous partions tous ensemble pique-niquer. Pendant une journée, j'oubliais les disputes, les cris et les larmes. J'aidais mon père à conduire la voiture. Je m'installais sur ses genoux, je tenais le volant et j'avais l'impression d'être un grand. Maman avait préparé un pique-nique, on se baignait dans les lacs des environs et je jouais dans l'herbe avec mon père pendant que ma sœur et mon frère faisaient la sieste. Nous étions heureux. Je pensais que ces moments allaient durer toute la vie.

Tous aux Restos !

Quand il est parti, mon père a gardé la voiture. Mais il a eu la délicatesse de laisser à ma mère le soin d'assumer son crédit… Sans compter quelques dettes supplémentaires qu'il avait « oublié » de rembourser. Elle a vite compris que le quotidien allait devenir plus difficile qu'avant. Son salaire n'était pas suffisant pour faire face à tous les frais, loin de là. Entre le loyer, les courses, les vêtements des enfants, le remboursement et les petites dépenses diverses qui ne manquaient pas de s'accumuler, le budget familial devenait tout d'un coup un peu trop juste pour affronter la réalité. Mais maman n'était pas du genre à se laisser abattre.

Ses journées ressemblaient à un marathon qui l'obligeait à courir et à lutter contre le temps qui passait trop vite et qu'elle trouvait toujours trop court. Le matin, le réveil sonnait à 6 heures. Dès 7 heures, elle partait faire des ménages dans des entreprises. À 11 heures, elle enchaînait avec un travail dans un restaurant, Chez Fonfon. Elle s'occupait du service de midi, de la mise en place des tables pour le dîner et du nettoyage de la salle. Ensuite, elle revenait à la maison pour vérifier que nous avions fait nos devoirs. À 19 heures, elle repartait au restaurant. À minuit, elle rentrait enfin chez nous, épuisée mais satisfaite de ce qu'elle avait accompli. Et il y avait de quoi. Nous étions fiers de notre mère. Elle ne se plaignait jamais, nous encourageait à travailler à l'école et nous obligeait à lire tous les soirs après le dîner. Elle nous faisait confiance, elle savait qu'elle pouvait compter sur nous et que nous serions toujours là pour la soutenir.

*

* *

Pourtant, malgré tous ses efforts et sa volonté, nous n'y arrivions pas. Le frigo était trop souvent désespérément vide, comme pour lui rappeler sa condition de mère célibataire aux prises avec les fins de mois difficiles – des fins de mois qui prenaient parfois de l'avance pour commencer dès le 20. Même si sa mère et la sœur de mon père, avec laquelle elle était restée en bons termes, glissaient parfois un billet ou deux dans sa poche, les sorties d'argent étaient toujours plus importantes que les rentrées.

Un jour, maman a pris une décision courageuse : elle a poussé la porte des Restos du cœur. Pour elle, ce n'était pas un geste facile à accomplir. Elle qui mettait un point d'honneur à subvenir toute seule à nos besoins et à se battre contre l'adversité, j'imagine combien cette démarche a dû lui coûter. Mais elle n'avait plus le choix. Elle tenait par-dessus tout à ce que ses enfants ne manquent de rien, quitte à se priver elle-même et à mettre un mouchoir sur sa fierté.

Elle prenait bien soin de nous répéter que cette aide n'était que provisoire, et que l'avenir allait nous réserver des jours meilleurs. Nous l'accompagnions au centre de distribution alimentaire, situé à vingt minutes de marche de la maison, où nous étions loin d'être les seuls à venir nous ravitailler. Pour rendre cette corvée moins pénible, elle faisait comme si nous nous trouvions dans les rayons d'une grande surface « normale ». Elle était heureuse de remplir son panier, heureuse de savoir qu'elle aurait de quoi nourrir ses enfants ce soir. Parfois, il nous arrivait de croiser des voisins en revenant des Restos. Ils savaient d'où nous venions. Maman s'en fichait. Elle n'avait pas honte. Nous ne cherchions pas à nous cacher ou à faire semblant. Elle assumait pleinement cette situation, en se disant qu'elle ne durerait pas.

*

* *

En 2011, j'ai eu la possibilité de m'acquitter un peu de ma dette vis-à-vis des Restos du cœur. Véronique Colucci, la veuve de Coluche, m'a téléphoné pour me proposer de participer à un concert des Enfoirés, à l'Arena de Montpellier. J'ai dit « oui » tout de suite. Je suis arrivé dans la salle en début d'après-midi, deux heures avant le concert. J'ai croisé Patrick Bruel, Pascal Obispo, Patrick Fiori, Grégoire, Jean-Baptiste Maunier et d'autres encore. Je n'avais rien préparé et nous n'avons pas répété : les paroles défilaient sur un prompteur. À seize heures, on est venu me chercher dans les loges. Comme j'étais le plus grand, on m'a installé derrière les autres et c'était parti ! J'avais un peu le trac, mais je ne me suis pas défilé. Nous avons interprété une chanson de Téléphone, *Métro (c'est trop)* et *J'ai demandé à la Lune*, d'Indochine. Je crois que mon micro était éteint…

*

* *

Ma mère s'est souvent privée pour nous. Mais elle ne nous a jamais dit qu'il n'y aurait rien à manger au dîner. Certains soirs, après avoir préparé le repas, elle partait s'installer dans le salon, devant la télévision, pendant que nous mangions. Nous pensions qu'elle avait déjà avalé un bout au restaurant dans lequel elle travaillait. Je n'ai compris que bien des années plus tard. Et je me suis juré, quand j'ai commencé à bien gagner ma vie grâce à la natation, qu'elle ne vivrait plus jamais ce genre de situation.

Dans ma cité

À Delle, nous habitons la cité de la Voinaie. Notre appartement est situé tout près de l'aire de jeux et du terrain de basket où je me prends pour mon idole, la star de basket Michael Jordan. Je partage une chambre avec mon frère Aurélien. Amandine a droit à une pièce pour elle toute seule, privilège de fille. Attention, il ne faut pas se méprendre sur le mot « cité ». Rien à voir avec ces barres d'immeubles interminables de la banlieue parisienne que l'on nous montre aux infos. Ce n'est ni le Bronx ni les 4 000 de La Courneuve. Pas de voitures brûlées le soir du réveillon, pas de trafics de drogue dans les halls d'entrée, pas d'émeutes urbaines susceptibles d'attirer les caméras de la télé. Ici, tout le monde se connaît, comme dans un village. Chacun mène une petite vie tranquille et respecte ses voisins. Les familles sont solidaires, prêtes à s'entraider. Nous nous sentons proches les uns des autres. Les différences de culture, de religion ou d'origine géographique, on s'en moque.

De toute façon, nous vivons tous les mêmes galères, entre chômage, petits boulots précaires et fins de mois difficiles. Les adultes gardent un œil vigilant sur les enfants. Ils préviennent les parents si l'un de nous commet la moindre incartade ou commence à partir en vrille. Il arrive que les esprits s'échauffent quand une voiture de police a la mauvaise idée de venir effectuer une ronde, le soir, alors que les parents sont scotchés devant la télé et que les ados sont réunis au pied des petits immeubles. Un des « grands » fonce alors vers l'interrupteur général, coupe le courant et plonge la cité dans l'obscurité. *Black out* complet, comme dans les films américains ! On s'y croirait vraiment... Tous les lampadaires sautent en même temps. Les gamins se mettent à caillasser la bagnole des flics, histoire de leur rappeler qu'ils ne sont pas les bienvenus. Dès qu'ils sont repartis, la lumière revient, comme par miracle, et la vie ordinaire reprend ses droits.

Si nous traînons encore dehors à la nuit tombée, maman se met à la fenêtre pour nous appeler. Et là, on ne moufte pas. Dès que nous l'entendons, nous arrêtons la partie de basket ou la discussion en cours avec les copains pour rentrer fissa à l'appartement.

Quand je ne suis pas à l'école, je m'occupe comme tous les gamins du monde : je m'amuse dehors avec mes potes. Parfois, on se laisse aller à quelques petites bêtises. Rien de bien méchant, rien de bien malin non plus. Sur le chemin du stade, nous traversons la voie ferrée plutôt que de faire un long détour pour aller jusqu'au passage à niveau. Là, quand un train approche, nous ramassons des cailloux par terre pour les balancer sur les wagons. Le mercredi, je joue au foot dans le club de quartier. Maman m'a inscrit quand j'ai eu sept ans. Le soir, comme elle a changé de travail, elle me confie à madame Drif, la gardienne de notre immeuble. Je l'aime bien, madame Drif. Elle est d'origine tunisienne. J'adore la regarder préparer les repas. Pendant le ramadan, c'est la fête tous les jours. La table du salon est couverte de pastillas, de bricks, de couscous, de tajines et de chakchouka, une sorte de ratatouille. Et je ne parle même pas des desserts… C'est la cuisine du soleil, chez madame Drif. Mieux que ça, c'est la maison du soleil !

Apprentissage

L'entraînement à la piscine est prévu à 19 h 45. À l'heure dite, je me présente à l'entrée. Je ne croise personne dans le vestiaire, ce qui ne me perturbe pas plus que ça. Je suppose que les autres vont arriver. Je me déshabille, enfile mon maillot et prends ma serviette avec moi, sans me presser. Je ne suis ni stressé ni excité, tout simplement curieux de savoir comment la séance va se dérouler. C'est la première fois de ma vie que je suis inscrit dans un club de sport en tant que licencié. En arrivant au bord du bassin, je constate que tous les autres nageurs sont déjà dans l'eau, occupés à enchaîner des longueurs. Je suis le dernier arrivé. J'aperçois Vincent Léchine, il n'a pas l'air content.

« Amaury, tu es en retard, tu dois être dans l'eau à 19 h 45 ! Allez, rejoins les autres et attaque un quatre fois quatre cent mètres quatre nages », me dit Vincent en désignant le couloir dans lequel je suis censé nager.

De quoi il me parle, là ? Pour moi, c'est du chinois. Je ne capte pas un mot de ce qu'il me raconte. C'est quoi, cette histoire de quatre fois cent ? À mon regard vaguement ahuri, il comprend que je ne comprends rien.

« Bon, c'est facile, tu commences par un aller en papillon, tu enchaînes avec un retour en dos crawlé, puis un autre aller en brasse et un retour en crawl… C'est plus clair, comme ça ? » me demande Vincent avec un grand sourire aux lèvres.

Ça va, j'ai pigé, il suffisait de m'expliquer calmement. Dans le bassin, nous sommes une bonne centaine de nageurs à nous partager quatre longueurs. La piscine ressemble à une autoroute un jour de départ en vacances. L'idée est simple : les meilleurs nagent en tête, les autres les suivent en file indienne, en s'efforçant de tenir la cadence et en évitant de les percuter. La réalisation est plus compliquée. Même si je tente de maîtriser ma vitesse, je me cogne régulièrement contre celui qui me précède. C'est pénible pour tout le monde, et je ne suis pas venu pour avoir la tête dans les pieds d'un autre. Après tout, ce n'est pas ma faute s'il ne va pas assez vite. À la séance suivante, je décide de partir dans les premiers. Cette fois, c'est moi qui donne la cadence, ce qui ne plaît peut-être pas à certains, mais tant pis. Il faut dire que je suis le plus jeune du groupe, les autres sont des « grands » de vingt ans. J'imagine qu'ils ne doivent pas apprécier de voir un môme de mon âge nager plus vite qu'eux.

Finalement, la natation, c'est sympa. Je ne voyais pas les choses comme ça, mais je comprends vite que je vais bien m'amuser. Ma mère aussi constate que la piscine me réussit. Quand je rentre à la maison, après une bonne séance d'entraînement, elle me trouve changé. Je suis plus calme, plus à l'écoute de ce qu'elle me demande, plus agréable avec ma sœur et mon frère. Les soirées sont plus tranquilles, on ne passe plus notre temps à nous chamailler et à nous crier dessus. L'entraînement nous a bien fatigués, mais c'est une saine fatigue. Nous ne sommes pas devenus des enfants modèles, il ne faut pas exagérer, mais nous n'en sommes pas loin. Aussi, quand elle reçoit un appel de Vincent Léchine, au bout de quelques semaines, elle s'inquiète. Ça y est, l'état de grâce est terminé, les problèmes vont commencer…

*

*   *

Elle imagine déjà ce qu'elle va entendre. J'ai dû commettre une faute, je ne me comporte pas de manière convenable, je ne respecte pas les consignes, je passe mon temps à faire n'importe quoi au lieu de nager sérieusement, et que sais-je encore. Eh bien non, « rien de tout ça », lui assure Vincent. Elle en est la première étonnée, mais il tient à la rassurer d'entrée : tout se passe bien, même très bien, il apprécie mon comportement. Je suis l'enfant le plus calme du groupe, ce que ma mère a du mal à croire. Il est aussi satisfait de mes performances.

D'ailleurs, à ce propos, il nourrit de grandes ambitions pour moi. Il aimerait bien que je franchisse un palier supplémentaire. D'après lui, je pourrais même devenir un authentique champion de natation. Il faudrait que je m'implique davantage, que je sois plus présent au club et que je vienne m'entraîner le samedi. Ma mère n'en croit pas ses oreilles. On lui a changé son fils !

Elle n'aurait jamais imaginé que quelques heures passées dans une piscine auraient de telles vertus. Tout n'est peut-être pas perdu, je peux encore envisager un avenir digne de ce nom. Pourtant, quand Vincent lui dit qu'il me trouve « doué », elle ne réalise pas vraiment ce qu'il veut dire.

Mais elle lui fait confiance. Elle sait que si Vincent Léchine croit en moi, c'est qu'il a de bonnes raisons de le faire. Alors, va pour le samedi. Au moins, elle saura où je suis et ce que je fais de mon temps libre.

*

*   *

Je suis aussi content qu'elle. Jamais je n'aurais pensé que j'aimerais à ce point la natation. Quand je me laisse glisser dans l'eau, j'éprouve une sorte de bien-être que je n'avais encore jamais ressenti. L'eau me calme, elle m'apaise, elle me fait oublier les soucis du quotidien. En plus, je me suis trouvé de nouveaux copains.

Le samedi matin, j'ai droit à un cours particulier avec Vincent. Je sens que je vais progresser. Il me prodigue des conseils précieux, me donne des petits trucs auxquels je n'aurais jamais songé, qui n'ont l'air de rien mais se révèlent d'une importance capitale. Il m'oblige à accorder de l'importance aux détails, à toutes ces petites choses capables de faire la différence, un jour de compétition. En natation comme en athlétisme, la victoire se joue à quelques centièmes de seconde, en plus ou en moins. Ces derniers peuvent paraître dérisoires. Mais ce sont justement eux qui distinguent le vainqueur du perdant, le champion de son challenger, celui dont on se souviendra de celui qui restera dans l'oubli.

Pour le moment, je n'en suis pas encore là. J'apprends, j'écoute ce qu'on me dit, je me montre attentif aux remarques et aux critiques, même si elles ne me font pas toujours plaisir. Vincent Léchine possède un sens inné de la pédagogie, une maîtrise parfaite de la formule qui frappe les esprits et de la métaphore plus claire qu'un long discours. Il nous demande de nous comparer à une araignée qui marche sur l'eau. Il nous apprend que cet animal, si l'on rapporte sa vitesse à sa taille, nage bien plus vite qu'un humain. Il nous montre comment lever les bras à la manière d'une araignée levant les pattes. Il faut être agile, vif et léger, tel un Spider-Man des bassins qui aurait troqué son costume rouge et bleu contre un simple maillot de bain.

Sans m'en rendre compte, je suis en train d'apprendre mon futur métier.

Profession : galérien

Nageur professionnel, ce n'est pas une vie.

Quand on ne fait que regarder les épreuves de natation aux Jeux ou aux championnats du monde, bien installé dans un canapé devant sa télé, on peut croire que les nageurs sont des privilégiés. Des beaux gosses musclés qui cumulent argent, reconnaissance sociale et succès sportifs rien qu'en alignant quelques longueurs. Des petits veinards en vacances toute l'année, qui vont à la piscine comme d'autres vont au boulot, qui se contentent de faire trempette dans un bassin pendant que monsieur Tout-le-monde se tue à gagner sa vie au bureau ou dans un atelier.

Bien sûr, il y a les stages à la mer ou en montagne, les compétitions dans des pays étrangers, les voyages au bout du monde, les parties de rigolade. Nous passons jusqu'à une centaine de jours par an au soleil. Nous restons bronzés une bonne partie de l'année. Dans ma famille, tout le monde avait l'air de s'imaginer que j'étais tout le temps en vacances. À force, je laissais dire. J'étais fatigué de répéter qu'il ne faut pas se fier aux apparences, et qu'un stage à La Réunion n'est pas la même chose qu'une semaine de vacances au Club Med.

Car il y a aussi le reste : l'ennui du quotidien, la routine d'une discipline exigeante et harassante, tout ce qu'on ne voit jamais dans les retransmissions sportives ou dans les pages des journaux. Les mêmes gestes répétés des centaines et des milliers de fois, les longueurs enchaînées sans jamais s'arrêter, les coups de gueule des entraîneurs, le sentiment de passer sa vie à tirer de l'eau, jour après jour. Je ne suis pas non plus en train de dire que c'est un régime de forçat, il ne faut pas exagérer. Mais il ne s'agit en rien d'une existence privilégiée pour dilettantes.

L'été, encore, ça peut aller. Mais l'hiver a toujours rimé avec « galère ». Quand je nageais au Racing, à Paris, je me levais à cinq heures du matin pour être dans le bassin à six heures. J'avalais un café vite fait, je sautais sur mon scooter avec une chapka sur la tête, je roulais à moitié réveillé jusqu'à la piscine située en plein bois de Boulogne, je me mettais en tenue, je passais par le pédiluve et je marchais sur le carrelage glacé avant de me jeter dans l'eau. Et qu'on ne vienne pas me dire qu'une eau à vingt-six degrés est chaude, surtout dans une piscine située en plein air. Pas question de descendre tranquillement à l'échelle. On plonge dans l'eau direct, et il nous faut bien quatre cents mètres avant de sentir un léger réchauffement du corps. Quatre cents mètres, soit huit longueurs. C'est long, huit traversées du bassin en sentant la morsure du froid… Pour se faire une idée, à Noël, il n'est pas rare que la glace forme de petites stalagmites sur les barreaux de l'échelle. Et les plots de départ sont carrément gelés…

*

* *

Si quelqu'un ignore encore le sens du mot « routine », il n'a qu'à venir assister à une matinée d'entraînement dans une piscine. Pendant trois bonnes heures, de six à neuf heures du matin, nous enchaînons les séries. Nous commençons par un échauffement de deux mille ou trois mille mètres, puis on attaque des séries de quatre à cinq mille mètres. J'ai calculé : chaque jour, je parcourais entre dix-sept et vingt-deux kilomètres, soit un total approximatif de six mille kilomètres par an. Pendant les compétitions, nous arrivons à la piscine une heure et demie avant. Ensuite, tout se déroule selon un rituel bien ordonné qui ne varie jamais d'un iota. À la sortie du bassin, nous filons au contrôle antidopage – si nous sommes convoqués. Puis nous effectuons quelques longueurs dans le bassin dit de récupération, de la même manière que les athlètes continuent à marcher après une course. La natation n'a rien à voir avec le foot, le rugby ou les autres sports collectifs. Là, au moins, il se passe des trucs. Il faut bien le dire : quand on est nageur, on a tendance à s'emmerder un peu. Et même beaucoup…

Quand on nage, on ne pense à rien d'autre qu'à avancer. Aller au fond pour faire une grande coulée, attendre la sortie de l'eau, accélérer pour rattraper les autres si on a pris du retard, progresser jusqu'au mur, le toucher, réussir le virage et recommencer dans l'autre sens. Quand je sens que je suis mauvais et que la course risque d'être bien pourrie, je ne pense à rien. Ou, plutôt, à tout et à n'importe quoi. Ça m'est arrivé à deux reprises pendant une coupe du monde : je me suis arrêté au bout de trois cent cinquante mètres. Le juge m'a fait comprendre qu'il m'en restait encore cinquante à parcourir…

Parfois, un nageur « fait un bambou », comme on dit dans notre jargon. C'est une expérience assez désagréable. Je me souviendrai toujours du jour où je l'ai vécue, lors de ma première grande compétition, aux championnats d'Europe de 2006. Pourtant, tout avait bien commencé. Comme souvent, je suis parti très vite. En sortant la tête de l'eau, j'avais un bon mètre d'avance sur mes adversaires. À mi-course, j'avais réalisé le meilleur temps de ma jeune carrière. Mais, au retour, tout s'est compliqué.

Arrivé aux soixante mètres, j'ai complètement craqué. Je n'avais plus de jus, plus de ressort, plus d'énergie, plus rien. J'étais mort. Je me faisais l'impression d'être un morceau de bois, je me sentais terriblement lourd, j'étais incapable de nager. À cinq mètres du mur, je me suis même demandé si je parviendrais à terminer la course. J'ai fini dernier, mais j'étais soulagé d'être arrivé au bout. En sortant du bassin, j'ai remercié Grégory Mallet. Avec une certaine ironie : avant la course, il m'avait prêté une combinaison Speedo en m'assurant que j'allais accomplir des miracles et battre mon record personnel…

Sans aller jusque-là, il nous arrive de terminer des courses dans des états lamentables. En 2012, à Eindhoven, je me suis arraché pour la deuxième place du deux cents mètres. Ce jour-là, je crois que j'ai réalisé la performance de ma vie. J'en ai payé le prix : j'étais incapable de quitter le bassin. La juge avait beau me demander de sortir, je ne pouvais plus bouger. On aurait dit un zombie sorti de la piscine…

*

* *

Trois heures dans l'eau, et pas question de s'échapper pour une petite pause-pipi. Non pas pour éviter de perdre du temps, plutôt pour ne pas prendre froid en sortant. Après tout, un bassin ressemble à des toilettes géantes avec chasse d'eau incorporée, grâce au système d'évacuation et de traitement des eaux qui fonctionne en permanence. Donc, que fait un nageur quand il est pris d'une envie pressante ? Eh bien, il pisse dans l'eau, tout simplement. Tout le monde fait ça, les garçons comme les filles. Il nous arrive même de le faire pendant les compétitions, en toute discrétion. À Mulhouse, nous arrivions dans le bassin plus d'une heure avant l'ouverture de la piscine au public, à sept heures et demie, et nous restions encore pendant une bonne heure, en même temps que les gens venus nager pour leur plaisir. Ce qui ne nous empêchait pas de nous soulager discrètement entre deux longueurs…

Pendant nos trois heures d'entraînement, nous urinons entre cinq et six fois, ce qui n'a rien d'étonnant quand on sait que nous avalons plus d'un litre d'eau. Car un nageur doit boire beaucoup pendant l'effort, tout comme les autres sportifs. Et on se doute bien qu'il n'est pas question d'ingurgiter l'eau de la piscine... Ça m'est pourtant arrivé une fois. J'avais soif, ma gourde était vide, j'ai bu l'eau du bassin.

Le corps transpire quand on nage, comme celui de n'importe quel athlète, ce qui étonnera peut-être ceux qui n'ont jamais pratiqué la natation à haut niveau. Quand on voit un nageur, à la télé, en train de répondre aux questions d'un journaliste après une course, son corps est trempé. Ce n'est pas parce qu'il vient de sortir de l'eau – il s'essuie avant de se présenter devant la presse –, mais parce que son organisme élimine et se met à suer, comme celui d'un athlète après un cent mètres. La seule règle à respecter, c'est de ne pas boire dans la gourde du voisin – chacune est étiquetée à notre nom. Pour une raison très simple : on ne sait jamais ce qu'il a ingurgité au préalable. Ce serait dommage d'être accusé de dopage pour avoir bu dans la gourde d'un autre nageur qui aurait pris des produits interdits.

En sortant du bassin, direction la douche. Une demiheure sous le jet d'eau chaude pour se réchauffer : c'est le vrai moment de bonheur de la matinée... Puis retour à la maison, déjeuner devant les infos à la télé, petite sieste, nouveau départ pour la piscine à 15 h 30 pour alterner, jusqu'à 20 heures, de nouvelles longueurs et une dose de musculation. Et c'est comme ça tous les jours de la semaine, du lundi au samedi matin. Je me souviens d'un nageur qui avait contracté une mononucléose. Il était tellement crevé par son rythme hebdomadaire que les médecins ne l'avaient pas diagnostiquée tout de suite. Ils avaient mis son état de fatigue sur le compte de l'entraînement et l'avaient laissé continuer à nager.

Nouvelle vie, nouvel Amaury

Je progresse. Jour après jour, semaine après semaine, je me sens de plus en plus à l'aise dans les bassins. C'est en regardant la finale du cent mètres brasse, lors des championnats du monde de Fukuoka en 2001, au Japon, que j'ai décidé de devenir champion de natation. J'avais été impressionné par la performance du Russe Roman Sludnov, le spécialiste de la brasse, une nage bien plus difficile que le crawl. Il nageait plus vite le cent mètres brasse que moi le cent mètres crawl. Quelques mois plus tard, je suis repéré par les dirigeants du centre d'entraînement du Pôle espoirs de Besançon. Ils me proposent de venir nager chez eux. On ne laisse pas passer une telle occasion. Mais si je veux franchir un palier, je sais aussi que je dois quitter la maison et le confort rassurant de ma vie à Delle.

Par chance, maman est d'accord. Elle a compris que la natation est devenue une passion, une raison de vivre, presque une obsession de chaque instant. Elle sent que je peux réaliser quelque chose, que cette facilité à me mouvoir dans l'eau a toutes les chances de m'emmener quelque part, même si elle n'a qu'une vision floue des possibilités qui s'offrent à moi.

J'avais quatorze ans quand j'ai remporté ma toute première victoire. J'étais fier ! J'avais gagné la médaille de bronze du cinquante mètres nage libre, en 33 secondes.

Un an plus tard, j'ai obtenu la quatrième place lors des championnats de France des cadets, sur le cinquante mètres papillon.

De toute façon, l'école m'ennuie. Je n'ai rien à attendre de ce côté-là. Malgré toute la bonne volonté du monde, je me rends compte que je ne suis pas assez motivé pour envisager un cursus scolaire intéressant. Autant miser sur le sport plutôt que de stagner dans des petits boulots frustrants. Et surtout, je n'ai pas envie d'avoir des regrets, plus tard, en me disant que je suis peut-être passé à côté de quelque chose. Il n'y a rien de pire que les regrets.

Maman a décidé de m'accompagner. J'ai chargé mes affaires à bord de sa 205 – elle a fini, à force d'économiser, par s'offrir la voiture dont elle rêvait. Je sais qu'elle a le cœur gros, mais mon égoïsme d'adolescent et ce nouvel avenir qui me tend les bras m'empêchent de la réconforter. Elle pense à un passé familial qui ne sera bientôt plus qu'un souvenir. Moi, je pense à cette nouvelle vie qui m'attend, à ma liberté toute neuve et aux rêves de gloire qui se bousculent dans ma tête.

*
* *

À Besançon, j'intègre une classe de seconde en section sports-études, à l'internat du lycée Jules-Haag. Je ne connais personne. Je détonne par rapport aux autres avec mon survêtement Lacoste, mes Nike Air Max, ma banane accrochée à l'épaule et mon vocabulaire aux expressions nourries du quotidien de la cité de la Voinaie. Je ne parle pas tout à fait comme eux, je ne possède aucun palmarès, je n'ai que quelques compétitions mineures à mon actif. Mais ma détermination et l'envie de me faire une place au soleil sont plus fortes que tout. Et je ne tarde pas à m'intégrer, ce qui est indispensable si l'on tient à faire son trou dans la natation. Ce sport, malgré les apparences, est autant un sport individuel qu'une discipline collective, tout comme le cyclisme. Les nageurs vivent en meute. Même s'ils s'affrontent lors des compétitions, ils forment chaque jour, à l'entraînement, un groupe soudé et solidaire. Chacun doit être fort pour le groupe, se mettre à son service. En retour, celui-ci transmet son énergie, cette force intérieure qui rejaillit sur chacun d'entre nous et qui nous permet d'aller bien plus loin que ce que nous pourrions faire si nous nous contentions de rester chacun dans son coin.

Je bénéficie d'horaires aménagés qui me permettent de nager tous les jours. La semaine, je dors chez Bryan Grandjean, l'un de mes entraîneurs. Bryan est un très bon pédagogue. Comme Vincent Léchine, il aime utiliser des images fortes pour faire passer ses messages et sa vision de la natation. La journée démarre tôt : réveil à 5 h 30, suivi d'un footing dans les rues de la ville et d'une séance de natation, avant d'aller en classe le matin et de retourner à la piscine en fin d'après-midi. Le vendredi soir, je prends le train pour Delle. Je sors de l'eau à 19 h 55 et le train part à 20 h 12… Bryan nous dépose en voiture devant la gare. Je devrais plutôt dire qu'il nous jette, car le trajet s'effectue dans l'urgence. La plupart du temps, je dois courir jusqu'au train, et il m'est souvent arrivé de l'attraper au vol alors que les portes étaient déjà en train de se fermer.

*

* *

Mon quotidien a définitivement changé. Il est impératif de se plier au rythme imposé à tous les nageurs du club. Je suis passé de trois entraînements hebdomadaires à deux séances quotidiennes. Je suis heureux mais épuisé. Je continue l'école, mais le cœur n'y est pas. Les profs ne tardent pas à s'en rendre compte. « Tu finiras éboueur », me lâche un jour ma prof d'anglais. « Amaury, que vas-tu faire de ta vie ? » me demandent ses collègues.

Moi, je n'ai qu'une idée en tête : je serai nageur et rien d'autre. Les enseignants considèrent la natation comme un hobby. Ils n'ont pas compris qu'il s'agit pour moi d'une passion. Mieux, d'une vocation. Je ne pense pas un instant à la possibilité d'un échec, je ne songe pas aux risques de ce quitte ou double dans lequel je me suis engagé. Pas une seconde, je me dis que je peux me louper. L'échec ne fait tout simplement pas partie de mon schéma mental. Ma détermination se nourrit aussi du souvenir de mes jeunes années : je ne veux pas connaître une vie de galère, toujours à courir après l'argent, après un boulot, après une sécurité financière qui n'a jamais cessé de se dérober sous nos pieds. Même si j'ai eu la plus belle enfance du monde, j'aspire à une autre existence. Seule la natation peut me l'offrir. À moi de prouver que je suis capable d'y arriver.

J'aime nager, mais j'aime aussi cette nouvelle vie. Je me sens libre. Je bois mes premières bières au café. Boire une bière, et en plus dans un bar, voilà bien une idée qui ne me serait jamais venue à l'esprit quand j'étais encore à Delle. Je découvre les voyages. Jusqu'à présent, mes seuls déplacements se limitaient à un séjour en colonie grâce au Secours populaire. Là, je vois du pays. Mon horizon s'élargit. Je dors dans des hôtels Mercure et des Novotel, autant dire de véritables palaces pour un jeune de quinze ans qui n'a jamais mis les pieds dans une chambre d'hôtel.

Je me rends compte que j'ai changé. Je ne suis plus le petit garçon que j'étais avant mon départ. J'ai l'impression d'avoir grandi.

*

*   *

Ces années à Besançon ont été la chance de ma vie. C'est ici que j'ai participé à mes premières grandes compétitions. C'est là aussi que j'ai connu mon premier amour, une petite nageuse italienne de mon âge prénommée Angela, avec laquelle j'échangeais des baisers passionnés pendant la XIIe Gymnasiade, ces Jeux olympiques scolaires qui réunissent deux mille sportifs de quatorze à dix-sept ans. C'est là encore que j'ai obtenu ma première sélection en équipe de France. J'ai rencontré Fabien Gilot, Grégory Mallet et Sébastien Bonnet.

Je me sens très proche de Fabien. Nous nous ressemblons un peu, tous les deux, dans nos parcours respectifs, mais aussi sur le plan physique. C'est marrant, on nous confond parfois.

Mais, un jour, cette belle expérience a pris fin. Le Pôle espoirs a fermé ses portes par manque d'argent, ce nerf de la guerre qui n'a que faire des rêves des jeunes garçons pleins d'ambition. Il m'a fallu partir pour une autre destination. J'avais le choix entre Mulhouse, Font-Romeu, Toulouse et le Racing, à Paris. J'aurais même pu m'exiler aux États-Unis, à Auburn, dans l'État de l'Alabama. Des clubs prestigieux, tous en mesure de m'offrir un encadrement sportif de qualité. L'expatriation ne me tentait pas plus que ça, en raison de mon faible niveau d'anglais et de l'obligation de poursuivre des études en parallèle de la natation. Le Racing m'attirait, mais la perspective de me retrouver seul dans une grande ville, sans amis et loin de ma famille, m'en a dissuadé. J'ai finalement suivi le conseil d'Éric Rebourg, le conseiller technique régional. J'ai choisi Mulhouse, qui conjugue l'avantage d'une bonne réputation sportive et d'une proximité géographique. Ça ne sert à rien de brûler les étapes : j'aurai toujours l'occasion, plus tard, de partir à l'aventure.

Sale gosse

La première fois que j'ai croisé Lionel Horter, il ne m'a même pas regardé. C'était aux championnats de France, à Chalon-sur-Saône, en 2002. Pour lui, j'étais transparent. Éric Rebourg m'avait pourtant présenté aux dirigeants du Mulhouse Olympic Natation, un peu plus tôt dans la journée. Jusqu'au moment où j'ai disputé un cent mètres papillon, je n'existais pas. J'ai eu de la chance : j'étais placé sur la ligne numéro 1, en bordure de bassin. Je crois qu'il ne pouvait pas faire autrement que de me voir. Il s'est dit qu'il y avait peut-être quelque chose à tirer de cette espèce de grande carcasse qui lui donnait l'impression de courir sur l'eau. Pourtant, je n'avais réalisé que le dixième temps et je ne m'étais même pas qualifié pour la finale. Si je n'avais pas disputé cette course, jamais il ne m'aurait proposé de le rejoindre à Mulhouse.

Mon arrivée à Mulhouse, en septembre 2002, m'a fait franchir un nouveau palier. Quelques semaines après ma rentrée à l'internat du lycée Albert-Schweitzer, j'apprends que le groupe de nageurs avec lequel je m'entraîne s'apprête à effectuer un stage en Espagne. Toute la troupe sauf moi, obligé de rester pour suivre les cours. Je vis très mal cette mise à l'écart. Je préfère partir avec les autres plutôt que de rester à me morfondre sur les bancs du lycée. Je sais que ma voie est dans la natation, et je retirerai bien plus de bénéfices de ce stage que des heures passées à écouter des profs dont le discours ne me concerne déjà plus. C'est l'occasion rêvée de franchir le pas et de laisser l'école derrière moi. Je n'ai pas un instant à perdre, il faut que j'en parle à Lionel.

« Je veux partir en stage avec vous. »

Il me regarde avec de grands yeux. Il ne s'attendait pas à une telle demande.

« Dis donc, Amaury, tu es qui pour prendre ce genre de décision ?

– Je veux arrêter l'école et devenir nageur professionnel, il faut absolument que tu m'emmènes ! »

Lionel hésite. Il connaît mes résultats scolaires médiocres et il est conscient de mon peu d'intérêt pour l'école. Jamais il ne m'aurait invité à rejoindre son club s'il ne croyait pas en mon potentiel. Il faudra bien, à un moment ou un autre, que je fasse un pas décisif pour tout miser sur la natation. Pourquoi pas maintenant, à l'occasion de ce stage ?

Après en avoir discuté avec son père, le patron du club, il se décide à accepter. Pendant tout le trajet en voiture, dans le Range Rover du père de Lionel, ils s'emploieront à s'assurer de ma volonté, mais aussi de ma capacité à consentir les sacrifices imposés par une carrière de nageur. J'ai dû leur paraître naïf et exalté, emporté par mon enthousiasme juvénile, bercé par mes fantasmes de succès sportif, de richesse et de reconnaissance sociale. Mais il faut croire que je me suis montré convaincant : au retour d'Espagne, j'obtiens l'autorisation d'arrêter les études. Définitivement.

*
* *

Certains jours, à Besançon, il m'arrivait comme les autres de louper un entraînement à cause d'une panne d'oreiller. Les bonnes raisons de rester dormir ne manquaient pas : je m'étais couché trop tard la veille, je n'avais aucune envie d'affronter le froid extérieur, j'étais pris d'un accès de flemme soudain à l'idée d'aligner les longueurs de si bonne heure. À Mulhouse, il n'est pas question de me laisser aller.

J'ai découvert ce que j'appelle « la culture casque à pointe ». Elle se résume en quelques mots : rigueur, discipline, encore plus de rigueur et toujours plus de discipline. Chez les nageurs, il n'y a pas de place pour les amateurs, les charlots ou les dilettantes. J'ai fait en sorte de ne pas sortir du cadre. Enfin, pas trop, juste un peu quand même. Comme lors de cette virée au Macumba, une boîte située à Bartenheim, à vingt minutes de Mulhouse en voiture. Avec les copains du club, nous avons débarqué en force, un soir. Quand il nous a vus débouler, le patron nous a accueillis avec un seul mot d'ordre : Éclatez-vous ! Inutile de dire que nous ne nous sommes pas fait prier. Et pour s'éclater, nous nous sommes bien éclatés, comme on peut le faire quand on a dix-sept ans et qu'on ignore jusqu'au sens du mot « fatigue ». Trop heureux de lâcher prise, nous avons fait valser les bouteilles et nous nous sommes vite retrouvés torse nu, tous dans la cabine du DJ, à hurler comme des bêtes et à mettre le feu au *dancefloor*. C'était grand ! Ce soir-là, c'était la fête au Macumba, avec l'élection de Mister Macumba. L'ennui, c'est que notre fête à nous a eu lieu le lendemain, quand des photos de cette soirée de folie sont parues dans la presse locale. Ça, ce n'était pas prévu au programme. En arrivant au club, la mine défaite et les yeux rougis par le manque de sommeil, nous avons tous eu droit à une petite surprise : les pages du journal, avec nos portraits en gros plan, étaient soigneusement scotchées sur les murs. Nous étions pris en flagrant délit de délire, alors que nous étions censés nous coucher tôt et dormir gentiment dans nos lits…

*

* *

Des grosses soirées, j'en ai vécu quelques-unes pendant mes années à Mulhouse. La plupart du temps, elles sont organisées par les villes elles-mêmes, à la fin des compétitions. Mon meilleur souvenir, celui que j'évoque à chaque fois sur le mode « ancien combattant » avec les autres nageurs qui l'ont vécu, c'est notre virée nocturne pendant un stage rassemblant toute l'équipe de France. L'histoire remonte à mai 2009. Elle se déroule à Boulouris, près de Saint-Raphaël, dans le Var. Nous sommes réunis au Creps, autrement dit le Centre de ressources, d'expertise et de performances sportives, qui accueille régulièrement des athlètes de différentes disciplines. Avec un nom pareil, on comprend tout de suite que nous ne sommes pas là pour rigoler mais pour bosser dur. Les premiers temps, l'ambiance est au travail. Au bout de quelques jours, le besoin de relâcher la pression, renforcé par une météo qui annonce de belles journées d'été, commence à nous chatouiller. Un soir, je propose aux copains de faire un tour en ville. Juste pour manger une glace. Je suis avec Fabien Gilot, Benjamin Stasiulis, Fred Bousquet, Camille Lacourt, Giacomo Perez et William Meynard. Rien que du beau linge, l'élite de la natation française du moment.

Quand le serveur prend la commande, je m'offre une pinte, et les autres en commandent une à leur tour. Nous enchaînons avec une deuxième tournée générale, puis une troisième. Charitable, le serveur nous recommande une discothèque à Juan-les-Pins. Pourquoi s'arrêter en si bon chemin ? Ce n'est pas une petite soirée sur le *dancefloor* qui va nous faire du mal, au contraire. Quand nous nous installons dans la boîte, le patron nous propose une offre à laquelle nous ne pouvons pas résister : en échange de photos avec son personnel, il nous accorde un *open bar*, boissons à volonté, pour la nuit. Nous devenons vite l'attraction du moment. La table est tapissée de bouteilles de vodka. Nous invitons les filles à venir prendre un verre. Nous sommes en grande forme, prêts à laisser exploser notre envie de nous amuser, réprimée depuis notre arrivée au Creps quelques jours plus tôt.

La musique est bonne, l'ambiance est au top, les bouteilles défilent et les filles sont merveilleuses. À six heures et demie, nous revenons à la réalité : l'un d'entre nous se souvient que l'entraînement est prévu à huit heures. Branle-bas de combat, remerciements chaleureux au patron, un dernier verre pour la route et un dernier bisou pour ces demoiselles avant de partir en catastrophe. Les uns s'engouffrent dans la voiture de Fabien Gilot, les autres se débrouillent pour attraper un bus, mais nous arrivons à l'heure à la piscine.

On s'en doute, l'entraînement est un véritable calvaire. Fred Bousquet a trouvé l'astuce pour y échapper : il invoque une gastro-entérite de circonstance. Nous souffrons comme des damnés. L'essentiel est de sauver les apparences, ce qui n'est pas si simple. À chaque fois que nous passons en soufflant près de Cloé Credeville, une nageuse de l'équipe de France, elle reçoit en plein visage des vapeurs d'alcool qui lui donnent l'impression d'avoir atterri dans une distillerie. Elle nous fait remarquer que nous aurions pu l'emmener avec nous. Nous la rassurons : nous sommes bien décidés à remettre ça le soir même…

Malgré une sieste, la séance de l'après-midi tourne elle aussi au supplice. Notre corps n'a pas récupéré de nos débordements. Affaibli par le manque de sommeil, la douleur physique et l'absorption d'alcool, il est incapable de fournir les efforts demandés. Mais il en faut plus pour nous dissuader de renouveler notre exploit de la veille. D'autant que Fred reçoit un SMS envoyé par le patron de la boîte pendant le dîner : non seulement celui-ci nous invite à bras ouverts, mais il met une limousine à notre disposition. Ce n'est pas tous les jours qu'il peut accueillir des nageurs de l'équipe de France dans son établissement.

À 23 heures, nous quittons le Creps sur la pointe des pieds. En chemin, nous tombons sur une bande de jeunes qui nous réclament des autographes et quelques photos. Comment dire « non » ? Nous nous exécutons bien volontiers. Quand ils nous demandent où nous passons la soirée, nous les invitons à nous rejoindre en boîte. La suite de l'histoire se devine facilement : alcool à gogo, cigarettes à profusion, éclate sur la piste et séances de drague entre deux verres. La belle vie, en somme.

Ce que nous n'avions pas pu deviner, c'est que ces jeunes sympas étaient des nageurs du club d'Antibes, et qu'ils auraient la délicate attention de raconter à leur entraîneur notre petite escapade. L'information est vite arrivée aux oreilles de Christian Donzet, le directeur technique national. Grosse colère de celui-ci, menace de sanction et tout le tremblement. Pas question de nier : le lendemain, *L'Équipe* racontera avec force détails notre manquement à la discipline. « Sept nageurs à Boulouris », titre le quotidien sportif. Quelques semaines plus tard, nous nous retrouvons dans le cadre de l'Insep pour un stage sur le thème de la « cohésion de groupe ». Le président de la Fédération, Francis Luyce, qui s'est déplacé pour l'occasion, n'a guère goûté la plaisanterie. Après un discours moralisateur en forme de remontage de bretelles, il nous demande de reconnaître nos torts et de présenter nos excuses, lors d'une séance d'autocritique digne de la Révolution culturelle chinoise. Il décide de supprimer les primes prévues pour les championnats du monde, à moins que notre comportement à venir ne l'incite à faire preuve de clémence. Les primes seront finalement réduites de moitié. Au moins, nous n'aurons pas tout perdu dans cette affaire : nous aurons eu l'occasion de mettre en œuvre la fameuse « cohésion de groupe » enseignée à l'Insep. Et cela ne nous empêchera évidemment pas de recommencer.

*
* *

Lionel, c'est le patron. Ancien nageur, il ne s'est pas forgé un palmarès ébouriffant. Il n'a jamais fait partie de l'équipe de France, mais en natation, comme dans n'importe quelle discipline, on peut très bien se révéler un grand entraîneur sans avoir été pour autant un sportif d'exception. Les qualités nécessaires ne sont pas les mêmes. Et Lionel est un grand, un très grand entraîneur. Il a emmené ses équipes aux Jeux, il a entraîné Roxana Maracineanu, la première Française championne du monde, il a obtenu de bons résultats aux championnats d'Europe et du monde. Autrement dit, c'est du très haut niveau. Ceux qu'il entraîne doivent se plier à sa discipline et faire preuve d'une vraie motivation. Lionel écoute beaucoup, il observe ses confrères entraîneurs, il se nourrit de leurs méthodes, il est sans cesse à la recherche du détail qui peut tout changer.

Il faut le voir au bord de la piscine, l'air concentré, en train de noter ses observations dans les petits carnets qu'il trimballe toujours avec lui. Quand d'autres fondent leur métier sur les coups de gueule et harcèlent leurs nageurs jusqu'à les faire craquer, lui avance tout en subtilité, avec un sens inné de la psychologie. Le travail est dur, mais il est toujours là pour donner un conseil, nous motiver, nous suggérer le petit truc qui n'a l'air de rien et qui peut faire la différence le jour de la compétition.

*

* *

Bien sûr, tout n'a pas toujours été rose dans notre relation, comme cela peut arriver dans les rapports entre un sportif et son coach. Quelques mois après mon arrivée, en février 2003, nous sommes partis en stage de haute montagne à Font-Romeu, dans les Pyrénées-Orientales, en vue de la préparation des Jeux d'Athènes.

Le programme est corsé. Il commence par un footing à 6 heures du matin – à jeun, comme il se doit. Quand on court le ventre vide, l'organisme puise dans ses réserves et élimine ainsi le surplus de graisse. À 7 h 30, après un petit déjeuner, nous enchaînons avec la piscine. La séance s'ouvre par un échauffement sur deux mille mètres, tout de même, soit une quarantaine de longueurs dans un bassin de cinquante mètres. Nous alternons le crawl, le papillon, le dos et la brasse en prenant un peu de repos de temps en temps. Ensuite débute l'entraînement proprement dit. Les distances augmentent de manière progressive. Nous attaquons par un deux cents mètres, suivi d'un quatre cents, d'un huit cents et d'un mille cinq cents. Puis nous effectuons le chemin en sens inverse en démarrant par un huit cents mètres, suivi d'un quatre cents et d'un deux cents. Nous ne cherchons pas la précision du geste, elle s'impose d'elle-même : l'enchaînement des longueurs nous permet de trouver naturellement la position idéale pour notre corps.

À ce stade de l'entraînement, les organismes sont fatigués. Mais, après une certaine distance, le corps a franchi un cap et il cesse de souffrir. La dernière partie est consacrée à la récupération, pour permettre aux muscles de se relâcher. Nos mouvements se font plus souples et plus lents, le rythme des pulsations cardiaques ralentit. Plus la compétition se rapprochera, moins la distance à parcourir sera longue, afin de permettre au corps de reprendre des forces et de se régénérer. Au fil des semaines, nous nous sentirons de plus en plus légers. L'organisme aura trouvé son équilibre et sera de plus en plus affûté.

*
* *

Lionel aura été comme un père pour moi. Pendant deux ans, j'ai partagé son quotidien. Il ne m'a pas seulement entraîné, il m'a aussi hébergé. J'ai habité chez lui, aux côtés de sa femme et de leurs deux filles. Je faisais presque partie de la famille. Lionel m'a apporté ce que mon propre père ne m'a jamais donné. Mes différents entraîneurs m'ont tous fait grandir, chacun dans son style et avec sa personnalité. Vincent Léchine, Bryan Grandjean et Éric Rebourg avant lui, Philippe Lucas après lui, tous ces grands pédagogues amoureux de notre sport m'ont aidé à devenir le champion que j'ai été. Mais je sais qu'ils ont aussi fait de moi l'homme que je suis devenu. Ils ont contribué à forger ma personnalité, ils m'ont permis de me construire et de prendre ma vie en main. Pour toutes ces raisons, je ne les remercierai jamais assez. En plus, Lionel m'a donné un cadre familial qui me faisait sans doute défaut et une ouverture sur un autre horizon que les quatre murs d'un bassin. Autant de repères précieux, surtout pour un jeune qui vit loin de chez lui, comme c'était mon cas.

Notre existence quotidienne se résume trop souvent aux longueurs que nous enchaînons tous les jours, au risque de nous couper de la vraie vie et de ne pas sortir de notre bulle pour aller voir à quoi ressemble le monde. Après le premier entraînement, nous n'avons rien à faire, sinon attendre l'heure du déjeuner. Je traîne en ville, je me balade, je glande. En un mot, je m'ennuie.

Mais si je tiens le coup sans tomber dans la déprime, c'est parce que je suis enfin sur la bonne voie. J'ai rejoint un très bon club, j'appartiens à un groupe de qualité, je m'entends bien avec les autres nageurs et j'ai la chance d'être suivi par un excellent coach. Le reste est accessoire. Peu de temps après mon arrivée, j'ai participé aux championnats interclubs, à Montpellier, qui oppose les meilleures équipes françaises. On nous a remis un équipement complet, avec le nom du club inscrit sur le maillot. Pour la première fois, j'ai vraiment éprouvé le sentiment d'appartenance à un groupe. En 2003, j'ai obtenu quatre médailles aux championnats d'Europe. Je suis passé à deux doigts, ou plutôt à quelques centièmes, d'une qualification aux championnats du monde alors que je venais tout juste d'avoir dix-sept ans.

Plus tard, j'ai su que Lionel a pensé, à ce moment-là, que j'avais une chance de participer aux Jeux d'Athènes, en 2004. Il ne me l'a pas dit pour ne pas me perturber. Au fil des mois, j'ai enchaîné les bonnes performances. Alors que je me faisais régulièrement battre les premiers temps, je suis monté en puissance au sein du club.

*

* *

D'un point de vue strictement sportif, le Mulhouse Olympic Natation est l'un des meilleurs clubs français. Pour le reste, c'est un sacré bazar. J'ai mis du temps à m'en apercevoir. Au début, tout ce qui comptait pour moi, c'était nager. J'étais enfin là où je rêvais d'être depuis toujours : dans la peau d'un nageur professionnel, concentré sur ses entraînements, ses résultats, ses objectifs sportifs. Les questions d'argent et d'administration, ça ne m'intéressait absolument pas. Je faisais confiance à l'encadrement du club pour gérer tous ces aspects de ma carrière.

De toute façon, je n'y comprenais rien. Je n'étais pas armé pour négocier un contrat, défendre mes intérêts, faire fructifier mes victoires et valoriser ma notoriété naissante, et je ne m'en portais pas plus mal. Jusqu'au jour où j'ai compris que certains profitaient de mon ignorance et qu'il était temps de suivre tout ça de près.

Je n'ai commencé à être payé qu'en 2004, deux ans après mon arrivée. Tous les mois, je recevais environ six cents euros. J'avais aussi droit à un défraiement qui couvrait mes différentes dépenses. Je ne payais pas de logement puisque je continuais à vivre à l'internat. La région Alsace nous octroyait une prime de dix mille euros annuels. À la fin de la saison, la secrétaire – la femme du président – me faisait signer un document selon lequel je donnais mon accord pour que cette somme soit versée directement au club. Ces dix mille euros étaient censés rembourser les dépenses de restauration, de déplacement et d'hébergement que le club avait prises en charge pour moi. Dans les faits, l'essentiel de mes revenus provenait de mes primes de victoire, versées par le club et non par la Fédération.

Après les championnats d'Europe de Rijeka, en 2008, la ville de Mulhouse m'a donné une prime de quinze mille euros pour récompenser mes bons résultats. Les dirigeants m'ont fait signer un papier selon lequel cette somme serait versée directement au club. Comme un idiot, j'ai accepté. Il faisait sans doute pareil avec les autres. Le club m'a reversé cinq mille euros, mais je n'ai jamais vraiment revu les dix mille euros qui me restaient dus. Et pourtant, ce n'est pas faute de les avoir réclamés pendant six mois. Quand je suis parti chez Lagardère, j'ai compris que je pouvais faire une croix dessus. Si l'on m'avait dit : « Écoute, Amaury, comme nous avons toujours pris en charge tes dépenses sans t'avoir jamais rien demandé, ces dix mille euros serviront à nous rembourser », j'aurais été d'accord. Mais là, j'ai eu l'impression désagréable de me faire voler comme au coin d'un bois.

Heureusement, le club n'est pas le seul à nous prendre en charge. L'État nous récompense, lui aussi, en fonction de nos performances. Là, la situation est plus claire. Il existe un barème officiel que tout le monde connaît, ce qui évite les petits arrangements en douce et les magouilles entre amis au détriment des sportifs. Une médaille d'or aux Jeux rapporte cinquante mille euros, contre vingt mille euros pour l'argent et quinze mille euros pour le bronze. La Fédération nous verse vingt mille euros pour une médaille d'or aux championnats du monde, dix mille pour une deuxième place sur le podium et cinq mille pour une troisième. Les championnats d'Europe sont presque aussi rémunérateurs : les montants versés s'échelonnent entre quinze mille et cinq mille euros. Si l'un d'entre nous remporte une médaille dans plusieurs catégories différentes ou bat des records, la « Fédé » peut ajouter ce que le président, Francis Luyce, a coutume d'appeler les « primes à la discrétion ». Il me fait rire, le président. Je n'ai jamais compris, et les autres nageurs de l'équipe de France non plus, leurs critères d'attribution. J'hésite entre son humeur du jour et la tête des nageurs, selon qu'elle lui revient ou pas. À moins qu'il ne joue à pile ou face avant de prendre ses décisions, allez savoir. Elles ont fini par devenir un sujet de plaisanterie entre nous. Car notre brave président a le sens du mot juste : ces fameuses primes « à la discrétion » sont tellement discrètes que nous n'en avons pas souvent vu la couleur.

Routine

Routine et fatigue sont les deux contraintes quotidiennes du nageur de profession.

Mais la routine a du bon pour un sportif, quelle que soit sa discipline. Elle est même indispensable. Elle nous sert de garde-fou, elle nous aide à prendre nos marques, elle nous permet de ne pas nous sentir déstabilisés par l'environnement lors d'une compétition. Pendant une épreuve, le moindre changement peut devenir un grain de sable susceptible de faire dérailler cette machine fragile qu'est l'athlète de haut niveau. Dans la vie de tous les jours, chacun accomplit des gestes familiers, sans même s'en rendre compte. Dans une vie de sportif, l'importance de ces rituels est encore plus grande. Certains footballeurs commencent toujours par enfiler leur chaussure gauche ou leur chaussure droite. D'autres portent le même caleçon tant que leur équipe ne connaît pas la défaite – et tant pis pour l'hygiène, la victoire prend le pas sur toute autre considération.

En 2008, en Croatie, lors des championnats d'Europe de Rijeka, j'ai pu mesurer à quel point il est indispensable de se rattacher à de petits détails qui peuvent tout changer. Le jour où j'ai disputé les séries – les épreuves de qualification – pour le cinquante mètres papillon, j'ai perdu mes repères. Jusque-là, je m'élançais toujours du plot numéro 4. À chaque fois, je coupais à travers la piscine pour m'y rendre directement. Je connaissais le chemin par cœur, comme si mes pas étaient guidés par mon cerveau sans que j'aie besoin de me poser de questions. Le dernier jour, lors de la demi-finale, les officiels ont déplacé une barrière métallique qui m'a obligé à dévier de ma route. Pas grand-chose, juste quelques mètres de plus à parcourir. Mais ce minuscule détail m'a perturbé. Le simple fait de modifier une habitude bien ancrée et de remettre en question un schéma mental rassurant m'a fait perdre une partie de ma concentration. Et j'ai terminé à la quatrième place, alors que j'avais toujours fini premier lors des courses précédentes. Heureusement, une heure et demie plus tard, j'ai gagné la finale : il m'avait suffi d'imaginer le nouveau chemin pour ne pas être distrait.

La routine fait vraiment partie du confort psychologique d'un nageur de haut niveau. C'est une véritable protection vis-à-vis de l'extérieur et des perturbations qui peuvent tout dérégler, à tout moment. Les qualités physiques, l'entraînement et l'expérience sont des éléments essentiels pour accomplir des performances. Mais ils ne servent à rien sans un mental d'acier, une solidité psychologique à toute épreuve, une volonté inébranlable et une capacité à faire abstraction des « obstacles » en tout genre qui se dressent parfois sur notre route.

*

* *

C'est pour cette raison que certains nageurs font appel aux conseils d'un préparateur mental. Personnellement, je pars du principe que tous les nageurs disposent, pour l'essentiel, des mêmes qualités. À 85 %, notre potentiel de départ est le même. Nous suivons tous un entraînement comparable, nous bénéficions de conditions de travail identiques, nos caractéristiques physiques sont *grosso modo* les mêmes, au-delà des éventuels points forts et points faibles de chacun. Certains vont donner plus d'amplitude à leurs gestes, d'autres seront plus courts dans leurs mouvements, mais l'écart final entre nous va se jouer sur autre chose. Les performances ne se réalisent pas seulement dans la piscine, le jour de la compétition. Elles se préparent bien avant, dans la vie de tous les jours, loin des bassins. Se coucher tôt, arriver à l'heure à l'entraînement, veiller à maintenir une bonne hygiène de vie, consulter un kiné, éviter de boire de l'alcool avant une épreuve, surveiller son alimentation… Tout est bon à prendre pour faire la différence. Cela tient parfois à pas grand-chose. Le petit truc en plus qui va déterminer un résultat ne se niche pas forcément dans nos bras ni dans nos jambes. C'est bien souvent dans nos têtes qu'il faut aller le chercher.

En 2008, avant les Jeux olympiques de Pékin, j'ai demandé à Nicolas Clément, un ancien nageur que j'avais connu à Besançon, de s'occuper de ma préparation psychologique. Mes dernières courses étaient souvent décevantes. J'avais raté quelques épreuves que je n'aurais jamais dû rater, et je l'ai compris en discutant avec lui. Ma préparation n'était pas bonne. Je me contentais, le plus souvent, de m'imaginer en train de toucher le premier le mur d'arrivée et de lire mon nom en première position sur le tableau d'affichage des résultats. J'étais satisfait, et je croyais que cela suffirait à garantir un bon résultat. Je me trompais.

Au lieu de me concentrer sur l'arrivée, j'aurais dû me visualiser en train de nager. Il faut préparer la course dans sa tête, mètre par mètre. Recomposer mentalement chacun de ses gestes, plutôt que de se concentrer sur la fin. Comme beaucoup, je faisais tout à l'envers, je mettais la charrue avant les bœufs et je négligeais l'essentiel. Nicolas m'a donné toute une série d'exercices. Il me demandait d'imaginer une balle en train de tourner dans un sens, puis deux balles qui tournent ensemble, puis les deux tournant chacune dans un sens différent. Je devais aussi me tenir debout, les yeux fermés, en avançant le buste sans tomber.

À sa demande, j'ai collé des Post-it un peu partout, comme autant de pense-bêtes censés me ramener à tout instant à mes objectifs sportifs. Au mur des toilettes, j'en ai collé un sur lequel était écrit « Départ ». Quand je me regardais dans le miroir qui se trouve au-dessus du lavabo, je lisais « Virage ». Le chrono idéal était affiché sur la porte. Et quand je jetais un œil à mon réveil, le matin, je voyais « 21, 35 centièmes », mon meilleur temps au cinquante mètres nage libre.

Tous ces petits exercices et ces « trucs » qui n'ont l'air de rien m'ont beaucoup aidé à acquérir une meilleure maîtrise de mon corps et de mes gestes. Au bout de quelques séances, j'ai pris l'habitude de répéter chaque course dans ma tête, tranquillement installé chez moi. Je me voyais aux Jeux de Pékin. Il me suffisait de fermer les yeux pour me retrouver en Chine. Je me tenais debout dans la chambre d'appel, juste avant le départ de l'épreuve. Je sentais mes pulsations cardiaques, comme si j'y étais. Mon cinquante mètres nage libre se transformait peu à peu en une sorte de routine mentale. Je répétais la course sans l'avoir disputée, à mon rythme. J'avais l'impression de flotter au-dessus de mon propre corps et d'observer chacun de mes gestes, comme si j'avais été mon propre coach.

Au début, je réalisais des temps de débutant. Au fil des séances, je gagnais en concentration et en précision. Mon chrono s'améliorait, ma confiance aussi. Cette course n'était plus un objectif lointain, elle était devenue une réalité concrète, comme une part de moi-même que je connaissais par cœur.

Les ressources mentales dont nous disposons sont étonnantes, et j'en ai pris pleinement conscience grâce à ce travail de préparation. Pendant ces cinq mois de collaboration avec Nicolas, j'ai disputé je ne sais combien de fois les Jeux à venir. Et je savais déjà que ces efforts quotidiens avaient toutes les chances de porter leurs fruits le jour où je m'élancerais pour de bon à la conquête d'un nouveau titre olympique, quelques mois plus tard.

*

* *

Et puis, il ne faut pas avoir honte de le dire : les qualités ne font pas tout. Les défauts peuvent aussi avoir leur importance. Un trait de caractère considéré comme un travers dans la vie de tous les jours se transformera en un véritable atout à l'heure de la compétition. L'égoïsme en est un bon exemple. À l'approche d'une épreuve importante, plus rien d'autre ne compte. Plus personne n'existe. On est tout entier tendu vers le résultat à atteindre. On est prêt à consentir de gros sacrifices et à se priver de petits plaisirs de la vie. On ne s'écoute plus, on ne cherche plus à s'amuser, on se consacre tout entier à son objectif. Mais, en retour, il ne faut pas nous demander d'être disponible, attentif aux autres ni ouvert à leurs problèmes du quotidien. C'est une condition de la réussite. Il n'est pas question de disperser son énergie. Nous sommes comme l'archer sur le point de lâcher sa flèche : l'horizon mental se réduit à un point précis au milieu de la cible. Le reste du monde n'existe plus.

Ce point précis, dans la plupart des cas, c'est une course que l'on tient à gagner ou une épreuve de haut niveau à laquelle nous voulons participer à tout prix, comme les

Jeux olympiques. Et chacun d'entre nous est prêt à en passer par des décisions douloureuses. En 2007, quelques mois avant Pékin, je me suis ainsi séparé de ma copine, une fille de l'équipe de France de nage synchronisée avec laquelle je sortais depuis deux ans. Je ne pouvais pas assumer en même temps le cadre quotidien d'une relation amoureuse et les contraintes de ma préparation. Je ne suis d'ailleurs pas certain que la vie en couple soit compatible avec la pratique du sport à haut niveau. On doit faire des choix. Je n'ai pas hésité une seule seconde avant de mettre un terme à cette histoire. Mes résultats ne m'ont jamais conduit à le regretter.

Magie des Jeux

Les Jeux olympiques, c'est vraiment quelque chose ! Ce n'est pas seulement un événement sportif, c'est bien plus que cela. C'est un rêve qui devient réalité, une parenthèse enchantée, comme un moment d'éternité. Ils ne durent que deux semaines, mais ce sont deux semaines de bonheur absolu. Tout concourt à faire de cette quinzaine une expérience inoubliable.

La première fois que j'y ai participé, à Athènes, j'ai vécu des moments magiques. C'était encore mieux qu'à la télé. J'ai vu un athlète se mettre à courir et rattraper un type qui venait de lui piquer son sac de sport. En cinq foulées, l'affaire était pliée. Il n'avait même pas attaché les lacets de ses baskets, mais ça ne l'a pas empêché de rattraper le voleur sans donner l'impression de fournir le moindre effort. Cet athlète, c'était Maurice Greene, le sprinter américain. Et quand j'ai participé à la cérémonie de clôture aux côtés de la bande de Muriel Hurtis, alors que je n'avais pas encore dix-huit ans, j'étais sur une autre planète…

J'ai aimé les Jeux, avec passion, comme un enfant aime Noël. J'ai aimé les Jeux avant même d'y participer. C'est le plus beau cadeau qu'un sportif puisse recevoir dans sa vie. À Pékin, j'ai rencontré des stars que je ne connaissais qu'à travers la télévision, des athlètes qui m'avaient fait fantasmer et que je croisais dans les allées du village, comme s'ils avaient été mes voisins d'immeuble.

Entre nous, il n'y a pas de différence, pas de hiérarchie, pas de phénomène de clans. Il existe une rivalité sportive, bien sûr. Mais nous sommes tous sur la même ligne de départ, d'une certaine manière. Les Jeux restent une formidable aventure collective, même si chacun d'entre nous rêve de décrocher une médaille et de briller sous le regard des caméras du monde entier. Nous sommes chouchoutés comme les grands enfants gâtés que nous devenons, le temps que dure la compétition. Nous sommes coupés du monde. Pendant les Jeux, l'univers se limite à l'intérieur du village olympique. Au-delà commence un monde inconnu.

*

* *

Un sportif peut très bien rester à l'intérieur du village sans avoir la moindre idée de ce qui existe autour de lui, à quelques centaines de mètres seulement de sa chambre. Lors de mes premiers Jeux, à Athènes, ce fut mon cas.

Je n'ai rien vu de la ville, de ses rues et de ses habitants, à part une boîte à la mode.

Quatre ans plus tard, à Pékin, j'ai eu envie de sortir du cadre ouaté et aseptisé du village. J'ai tenu à profiter de mon séjour, car je savais que je ne reviendrais peut-être pas en Chine avant longtemps. J'ai loué un taxi pour jouer les explorateurs, après la semaine d'épreuves de natation. J'ai demandé au chauffeur de rouler, sans lui indiquer une direction ni une destination. De toute manière, je ne parlais pas chinois et lui ne baragouinait que quelques rudiments d'anglais, ce qui limitait la conversation.

Pendant trois heures, il m'a trimballé dans les campagnes, avec les paysans qui tirent les bœufs dans les rizières. Les autorités chinoises n'avaient aucune envie de montrer le véritable visage de leur pays. La Chine des villes a changé, Pékin a subi une véritable métamorphose avant les Jeux pour donner une image lisse et positive aux visiteurs étrangers, mais les campagnes sont restées les mêmes.

*

* *

Comme à Athènes, je me suis bien éclaté pendant ces Jeux. Non, je ne me suis pas contenté de visiter un petit bout de campagne chinoise. À la fin de la première semaine, une fois les épreuves de natation terminées, tous les soirs, avec les autres membres de l'équipe de

France, nous nous sommes retrouvés, prêts à sortir et à faire la fête. À chaque fois, le défi était le même : rentrer à l'hôtel en charmante compagnie. Notre style de drague était assez rudimentaire et pas toujours efficace. Quand aucune jeune fille ne cédait à nos avances, il fallait trouver d'autres moyens d'atteindre notre objectif. Le plus simple était de faire un détour par « la rue des prostituées ». C'est le surnom que nous avions donné à une ruelle plutôt chaude située tout près d'une boîte. À chaque fois que nous passions par là, le corps joyeux et l'esprit embué par les vapeurs d'alcool, nous en croisions plusieurs, debout devant de petits pavillons. La plupart du temps, nous nous contentions de les dévorer du regard, fascinés par ces filles qui s'offraient sans retenue. Un jour, l'un d'entre nous, plus courageux ou plus éméché que les autres, a osé franchir le pas. Amusés et un peu excités, nous l'avons suivi. Sa timidité habituelle avait disparu sous l'effet des verres de champagne avalés tout au long de la nuit. Après avoir choisi une fille, il s'est approché d'elle, l'a embrassée et s'est laissé conduire par la main. Elle l'a entraîné dans un local à poubelles, suivie par une meute de jeunes types éméchés, indifférente à nos rires appuyés. L'endroit était sordide. Il était sans doute dans un état d'ébriété trop avancé pour prêter attention au décor. Cette soirée alimenterait longtemps nos conversations lors de nos retrouvailles à l'occasion de compétitions.

*

*   *

La concurrence des nageurs américains ne s'est pas fait sentir que dans les bassins. Ils ne se sont pas contentés de rafler les médailles, ils entendaient aussi nous prouver qu'ils n'étaient pas les derniers à se mettre minable, sans distinction de sexe ou de palmarès. Une nageuse américaine m'a impressionné en buvant au goulot de la vodka Absolut Black. Quand elle m'a tendu la bouteille avec un large sourire en me lançant un sourire provocateur, je ne me suis pas démonté. Je l'ai empoignée et j'ai avalé la moitié de son contenu cul sec, à la cosaque. Ensuite, les nageurs de l'équipe de France d'aviron m'ont proposé des Bacardi-Coca. Je suis un garçon bien élevé, je sais qu'il est impoli de refuser une invitation. Un premier, puis un deuxième, puis un troisième… Je sortais d'un cocktail organisé par un équipementier où l'alcool coulait à flots. Au bout d'un moment, j'ai senti que le sol se dérobait sous mes pieds et que la Terre ne tournait pas dans le même sens que moi. Je n'étais pas le seul.

Le retour au village olympique a été quelque peu chaotique. Incapable de parler distinctement ni de marcher droit, j'ai le vague souvenir d'avoir été mis dans un taxi par Germain Chardin, un rameur français. La suite est plutôt floue.

Frustration

Jeux olympiques de Pékin, 16 août 2008.

L'épreuve du cinquante mètres nage libre vient de s'achever. Je termine deuxième avec 21 secondes et 45 centièmes. À 15 centièmes du vainqueur, le Brésilien César Cielo. Alain Bernard est troisième, à 4 centièmes derrière moi. Normalement, je devrais être heureux. Je devrais arborer un large sourire, avoir des étoiles dans les yeux et les mots qui pétillent pour exprimer mon bonheur. Une médaille d'argent aux Jeux, tout de même, ce n'est pas rien !

Mais je suis déçu, terriblement déçu. Je suis surtout frustré. Cette médaille, je la voulais. J'en avais rêvé, jour et nuit. J'avais imaginé cette course, des dizaines et des dizaines de fois, lors de mes séances de préparation mentale avec Nicolas Clément. Je connaissais par cœur le moindre de mes gestes, comme si j'avais effectué pour de bon ce cinquante mètres, longtemps avant de mettre les pieds à Pékin.

45 centièmes. J'ai l'impression d'avoir échoué sur toute la ligne, comme si j'étais passé à côté de ma course. Je félicite Alain Bernard. Il sourit, il est radieux et son bonheur fait plaisir à voir. Il essaie en vain de me remonter le moral. Je devrais sourire, moi aussi, ne serait-ce que pour avoir terminé devant l'un des meilleurs nageurs du monde. Mais rien à faire, je n'y arrive pas. Je m'en veux de ne pas avoir gagné, comme je le dis à Alain.

« Je suis écœuré, j'ai complètement raté ma course...

– Mais non, me répond-il, c'est super, ce que tu as fait ! Tu es médaille d'argent, c'est magnifique... Profite bien de cet instant, c'est magique ! »

En tribune, les supporters français scandent mon nom. Ils crient leur joie, comme si j'avais terminé à la première place. Ils sont heureux de cette nouvelle médaille française. Je me sens bizarre, comme si je ne méritais pas leur ovation. Il me semble que seul le vainqueur devrait avoir droit aux cris de la foule.

Tout le monde est fier de mon parcours. Tout le monde, sauf moi. Durant les quelques minutes de trajet jusqu'au point presse, je suis ailleurs. Je refais la course dans ma tête, pour tenter de comprendre les raisons de ma défaite. Je sais pourquoi je n'ai pas gagné. Une compétition de haut niveau tient à pas grand-chose, mais c'est ce pas grand-chose qui fait toute la différence entre le premier et le deuxième, entre le vainqueur et le perdant. J'ai réalisé un bon départ, mais mon bras a accroché l'eau au moment où j'ai commencé à nager. J'ai raté mon premier geste. J'ai manqué de fluidité. Il ne s'en est pas fallu de beaucoup, mais cela a suffi à me faire prendre un retard que je n'ai jamais rattrapé. Le cinquante mètres nage libre, c'est une course à part. C'est l'équivalent du cent mètres en athlétisme. C'est un sprint, une course de vitesse contre les autres et contre le temps, une sorte de fulgurance qui n'admet ni l'erreur ni l'hésitation. J'ai joué, j'ai perdu. Et je ne peux m'en prendre qu'à moi-même.

Nelson Monfort me tend le micro et me demande si je suis heureux : « Si je n'avais pas loupé ma sortie, je l'aurais dégommé, l'autre machin…

– L'autre machin ? »

Petit moment de flottement. Nelson avale sa salive. Il me regarde avec de grands yeux étonnés. Je sens un léger malaise. Si j'avais appelé à la révolution en direct ou si je m'étais mis à poil devant la caméra, je suis sûr qu'il n'aurait pas été plus choqué.

À côté de moi, Alain Bernard se marre. Je me rends compte que j'ai peut-être poussé le bouchon un peu loin. J'ai le droit d'être insatisfait, j'ai le droit de m'en vouloir, j'ai le droit d'exprimer ma frustration. Mais je n'ai pas le droit de manquer de respect à mes adversaires, encore moins s'ils ont gagné.

Je commence à regretter ce que je viens de dire. C'est trop tard, mais je présente mes excuses au micro de Nelson. J'ai parlé trop vite, sous le coup de la déception. Les mots ont dépassé ma pensée, ce n'est pas ce que je voulais dire, il ne faut pas m'en vouloir, merci d'être indulgent. Peine perdue. Le jeu des médias est cruel.

Brazil

Quand je repense à cette deuxième place, ce n'est plus la défaite qui me gêne aujourd'hui. Depuis le temps, j'ai fini par la digérer. Je crois même qu'elle m'a permis d'avancer et de me remettre en question. Non, ce qui me pose un problème, c'est le comportement de Cielo et celui de quelques autres nageurs. Il s'est retrouvé à plusieurs reprises suspecté de tricherie. Appelons les choses par leur nom sans tourner autour du pot : des soupçons de dopage pèsent sur lui, mais on ne peut pas accuser sans preuves.

Voilà un gars qui sort de nulle part en 2007, remporte la médaille d'or un an après et devient champion du monde en 2009. Avant, il n'existait pas, ou presque. En dehors d'une médaille d'argent au relais, lors des championnats du monde de 2004, il s'était surtout distingué au Brésil et aux États-Unis dans des compétitions universitaires. Aux championnats du monde de Melbourne, en 2007, il n'était pas monté sur le podium. Et l'année suivante, boum badaboum, le type casse la baraque et se met à pulvériser des records !

Dans le sport de haut niveau, les contes de fées n'existent pas. Il suffit de se souvenir du cas Lance Armstrong. Sa lutte contre le cancer, son incroyable retour au premier plan, ses sept victoires dans le Tour de France, sa capacité à surmonter la maladie et à repartir de zéro pour atteindre les sommets… J'aurais aimé que ce soit vrai. Certains y ont cru avant de tomber de haut, le jour où il a fini par avouer ce dont tout le monde ou presque se doutait. Oui, il se dopait. Oui, c'était un tricheur. Pendant des années, il a menti. Pendant des années, il a usurpé sa place de numéro un mondial. Il a fait rêver tous les gens qui croyaient encore à la magie du Tour, avant de briser net leurs illusions.

C'est peut-être le plus grave, à mon sens, au-delà des trophées volés à ses adversaires : tuer la magie du sport, cette formidable machine à fantasmes qui permet à tout un chacun de s'évader du quotidien et de s'imaginer, devant son poste de télévision, à la place des athlètes qui accomplissent d'incroyables performances.

On peut aussi se poser des questions à propos des nageurs chinois à Pékin. Avant, ils n'avaient jamais rien gagné. En ping-pong, ils étaient redoutables. Mais, en natation, ils étaient inexistants. On ne les croisait quasiment jamais sur les podiums. Et là, tout d'un coup, ils sont devenus la première nation du monde par le nombre de médailles obtenues. Ils étaient présents sur la plupart des podiums. Étrange, non ? Leur physique n'avait pourtant rien d'impressionnant. Ils ne ressemblaient pas à ces nageuses venues de l'Est qu'on avait l'habitude de croiser dans les années 1970 ou 1980, avec leur musculature digne de celle de Schwarzenegger qui faisait sourire tous les observateurs. Mais ça ne les a pas empêchés de rafler les médailles à la chaîne. Je veux bien croire à la glorieuse incertitude du sport, mais il y a des limites. Je regrette qu'elle soit trop souvent remplacée par la certitude du dopage, laquelle n'a vraiment rien de glorieux. Par la suite, certains d'entre eux ont d'ailleurs été sanctionnés pour s'être dopés. Mais les Jeux de Pékin ont ouvert une brèche dans laquelle la natation chinoise s'est engouffrée, avant de confirmer ses bons résultats lors des olympiades suivantes.

*

* *

Pour en revenir à notre ami Cielo, il est retourné au Brésil après plusieurs années passées à s'entraîner aux États-Unis et après avoir remporté les titres les plus prestigieux de notre sport. Je veux bien qu'il se soit senti nostalgique et qu'il ait eu envie de profiter du soleil, des plages et de la douceur de vivre de son pays natal. En mai 2011, il a été contrôlé en compagnie de trois compatriotes lors du championnat national brésilien. La rumeur a commencé à se propager : il aurait été positif. Il faut se méfier des rumeurs : il n'y a rien de plus malsain et de plus détestable, dans le sport comme dans la vie en général. Je déteste la malveillance, et je ne supporte pas les gens qui racontent n'importe quoi sans avoir vérifié leurs informations, au risque de briser une réputation – ou pire encore.

Mais, cette fois, c'est différent : deux mois plus tard, la Confédération brésilienne des sports aquatiques (CBDA) a révélé qu'un produit interdit avait été décelé dans son organisme. Les trois nageurs sont accusés d'avoir pris du Furosémide, un diurétique. Pour se défendre, ils ont expliqué qu'ils avaient consommé un complément alimentaire à base de caféine, qui leur avait été autorisé par prescription médicale. Cielo a écopé d'un avertissement. La Fédération internationale de natation a fait appel de la sanction, un peu trop légère à son goût, auprès du Tribunal arbitral du sport (TAS). Elle estimait qu'il aurait dû être suspendu pendant plusieurs mois. Mais le TAS a confirmé la mesure prise par la CBDA, ce qui a permis à Cielo de participer aux championnats du monde organisés quelques jours plus tard à Rome. Il fallait les voir, lui et les trois autres nageurs, quand ils se sont présentés devant la commission du tribunal... Ils sont sortis d'une bagnole aux vitres teintées à la manière de stars hollywoodiennes, en costume noir, avec des lunettes de soleil sur le nez et un large sourire en travers du visage. Ce n'étaient plus des nageurs venus présenter leur défense, c'étaient les acteurs du film *Men in Black*, plus vrais que nature. Il ne manquait plus que Tommy Lee Jones et Will Smith pour s'y croire vraiment ! Leur attitude m'a dérangé : j'avais l'impression qu'ils savaient déjà, avant même de mettre le pied dans la salle d'audience, que leur peine ne serait pas alourdie.

Quand j'ai appris la nouvelle de la confirmation d'un avertissement, j'ai envisagé plusieurs hypothèses. Bien sûr, un vice de forme pouvait s'être glissé dans la procédure. Mais je me suis tout de même demandé si le gouvernement brésilien, sous l'influence des grandes entreprises qui sponsorisent Cielo, n'avait pas réussi à plaider sa cause auprès des juges du tribunal. On ne le saura jamais. De toute façon, il n'y avait plus rien à faire. Si ce n'est battre Cielo à la régulière, dans un bassin. C'était la meilleure réponse à apporter. Pour la petite histoire, quand il a gagné sa première course, à Rome, il s'est fait huer par le public. Je trouve que c'est une sanction encore plus forte qu'une mesure de suspension, et je n'aurais pas aimé me trouver à sa place à ce moment-là. Ce qui est gênant, dès lors qu'un athlète est suspecté de dopage, c'est que l'on se met à douter de l'ensemble de ses performances.

Pétage de plombs

Au lendemain des Jeux de Pékin, j'ai pété les plombs. Je ne vois pas de meilleure expression pour décrire l'état psychologique dans lequel j'ai vécu pendant trois ou quatre mois. J'ai disjoncté. Je n'étais plus le même. Tout le monde s'en est aperçu. J'étais sur une autre planète. Avec d'autres gens, d'autres envies. Loin, très loin de l'image positive du nageur cité en exemple auprès des enfants, médaillé olympique, sympa et bon vivant.

Je ne cherche pas d'excuse à mon comportement. D'autres ont connu la même chose, comme Michael Phelps, un peu plus tard. Je ne suis pas fier de ce que j'ai fait. Je n'ai pas effectué les bons choix de vie ni fréquenté les bonnes personnes. Qui sait, j'avais peut-être besoin de ce genre d'expérience. Besoin de franchir certaines limites et d'explorer un monde auquel je n'appartiens pas, comme ça, pour voir jusqu'où je pouvais aller.

D'abord, il y a eu Pékin et mes deux médailles olympiques. Du jour au lendemain, les gens me reconnaissaient dans la rue. Je pouvais entrer où je voulais et comme je voulais. On ne me refusait rien. Avant, j'étais indésirable dans certaines boîtes à la mode. Je me faisais refouler avec mes potes. Je n'étais pas connu, je n'avais pas d'argent, je n'avais pas les bonnes connexions, les bonnes relations, les bons réseaux. Là, on m'accueillait à bras ouverts, partout où j'allais. On déroulait le tapis rouge sous mes pieds, on me demandait de signer des autographes, on me faisait croire que j'étais l'homme le plus important du monde, ce dont j'ai sans doute fini par me persuader. Après tout, je n'avais pas encore vingt-trois ans...

Ensuite, l'argent est arrivé. D'un coup d'un seul, je suis devenu riche. À Mulhouse, je gagnais quatre mille euros par mois. Au lendemain de Pékin, mes rentrées financières n'avaient plus rien à voir. Entre les primes versées en récompense des médailles obtenues et, surtout, les contrats publicitaires, j'ai multiplié mes revenus par dix. La conjonction de la célébrité et de l'argent avec le souvenir diffus d'une enfance frustrante a sans doute servi de détonateur, et voilà comment je suis parti en vrille.

*
* *

J'ai commencé par fréquenter des gens qui n'étaient pas, mais alors pas du tout, issus de mon milieu. Des gosses de riches, des « fils de », des « reudede », comme je les appelle. J'aime bien ce mot, je l'ai trouvé un jour dans je ne sais plus quel bouquin, et je trouve qu'il leur va bien. Quand je dis « riches », ceux-là étaient vraiment riches. Des jeunes de mon âge, qui avaient écumé les boîtes à bac et les écoles pour fils à papa. Des mômes qui ne travaillaient pas, qui savaient qu'ils reprendraient un jour l'entreprise familiale, qui ne se posaient aucune question sur leur avenir et ne vivaient que pour le moment présent, pour la fête et pour le plaisir. Des gamins qui recevaient chaque mois six ou sept mille euros d'argent de poche, qui ne savaient pas quoi en faire mais trouvaient quand même le moyen de se plaindre parce qu'ils n'en avaient jamais assez. Leurs parents roulaient en Aston Martin, en Ferrari ou en Bentley, quand ce n'était pas dans les trois à la fois. Des gens que j'avais croisés en boîte, la nuit, avec lesquels j'avais fini par sympathiser. C'est fou comme l'ambiance nocturne d'un club chic parisien fait sauter les barrières sociales.

À un moment, j'ai eu envie de leur ressembler. J'ai eu envie de m'habiller comme eux, de rouler dans les mêmes voitures, de fréquenter les mêmes endroits, d'adopter les mêmes codes. Ils m'ont invité en week-end dans leurs châteaux, ils m'ont baladé dans leurs avions privés, j'ai logé dans des hôtels ultra-chics, j'ai participé à des chasses à courre.

J'étais une curiosité vaguement exotique que l'on invitait au passage. Après tout, on n'a pas tous les jours un champion olympique à dîner.

Au restaurant, j'étais capable d'acheter une bouteille de vin à trois cents euros. En boîte, je pouvais commander plusieurs magnums de champagne à mille cinq cents euros pièce, avant d'asperger toute une tablée avec, à la manière des pilotes de Formule 1 qui célèbrent leur victoire sur le podium. J'étais parfois rejoint par d'autres nageurs qui aimaient faire la fête. Je n'avais plus de limites, plus de complexes, plus de tabous. Je claquais des doigts pour appeler les serveurs dans les restaurants. J'étais devenu hautain, méprisant, prétentieux et arrogant. Mes amis ne me reconnaissaient pas, mais ça m'était bien égal. De toute manière, je ne les reconnaissais pas non plus.

*

* *

Au bout de trois mois, peut-être quatre, j'ai repris contact avec le réel. Peut-être aurais-je continué à m'égarer encore longtemps si un incident ne m'avait ouvert les yeux. C'est lors d'un séjour à Monaco que je suis revenu à la réalité. J'étais logé à l'Hôtel de Paris, un palace de style Belle Époque où j'avais passé un de ces week-ends de rêve qui étaient presque devenus banals pour moi. En remontant dans ma suite, quelques minutes avant de rentrer à Paris, j'ai constaté que la chambre n'avait pas été nettoyée par le personnel. Quelle importance, puisque j'étais sur le point de quitter l'établissement ? Je n'avais plus qu'à boucler ma valise sans me préoccuper de ce genre de détail. Mais quand on est habitué à un certain standing, quand on a pris goût à une certaine qualité de service, on devient intraitable face au moindre laisser-aller.

J'ai décroché le téléphone, convoqué la femme de chambre et je l'ai pourrie, comme jamais de ma vie je n'avais parlé à quelqu'un. Je lui ai dit que cette situation était inadmissible, qu'elle n'avait pas fait son travail et qu'elle n'avait plus qu'à disparaître de ma vue. Ce qu'elle s'est empressée de faire, sans un mot et sans un bruit. Elle n'a pas bronché, elle n'a pas protesté, elle n'a même pas cherché à se défendre. Des clients comme moi, je suppose qu'elle devait en croiser tous les jours.

Quand je suis redescendu au bar de l'hôtel, je ne me sentais pas très à l'aise dans mes baskets. J'étais mal. Quelque chose venait de se casser en moi. C'est là que j'ai compris que j'étais allé trop loin. Comme si, tout d'un coup, je venais de me réveiller d'un mauvais rêve. Je sentais que tout ce que j'avais vécu ces derniers mois, tous ces excès et ces gros délires, appartiendrait bientôt au passé. Je pensais à ma mère. En revoyant cette scène ridicule, je l'imaginais en face de moi. Elle aussi avait travaillé comme femme de ménage. Elle aussi avait peut-être dû subir des humiliations et des injures de la part de ses clients ou de son patron. En insultant cette femme, c'est comme si j'avais insulté ma propre mère. C'était inacceptable.

Je me suis mis à pleurer. J'avais honte. Il fallait que je revoie cette femme pour lui présenter mes excuses. J'étais allé trop loin. Une demi-heure après, je suis retourné la voir.

Je lui ai présenté toutes mes excuses, peut-être de manière maladroite, mais sincère.

Mais, au moins, je savais que j'étais guéri. Le véritable Amaury était de retour. Croyez-moi, j'étais le premier à m'en réjouir. Et puis, je n'avais pas tout perdu : pendant ces quelques mois en dehors de la vraie vie et en dehors de moi-même, j'aurai au moins appris à découper correctement une sole meunière et à enlever les arêtes sans en mettre partout dans mon assiette. On ne sait jamais, ça peut toujours servir.

Money, money, money

L'argent change tout.

Pendant toutes ces années passées à Besançon puis à Mulhouse, je ne roulais pas sur l'or. Mon contrat avec Mulhouse était très déséquilibré. Mais ça ne m'empêchait pas d'être heureux et de prendre du plaisir dans ma vie de nageur de haut niveau. Ce n'est pas la volonté de gagner plus qui me faisait avancer dans les bassins comme un robot, jour après jour, été comme hiver. C'était l'envie de gagner des titres, l'envie de battre des records, l'envie de devenir le numéro un. Je ne suis pas certain que l'on puisse se hisser parmi les meilleurs si on n'a que l'argent pour unique objectif. C'est une sanction de la réussite, une reconnaissance de notre travail et de nos performances, mais certainement pas un aiguillon. L'argent ne vient qu'après, en aucun cas avant.

Si l'argent a changé quelque chose, c'est plutôt dans mes relations avec ma famille. Je n'oublierai jamais ce jour de Noël, quelques mois après Pékin. Je venais d'entrer dans cette nouvelle dimension, à la fois sportive, médiatique et financière. Je commençais à être légèrement décalé par rapport à la réalité, mais je ne m'en rendais pas compte. Au moment de choisir les cadeaux, je me suis complètement lâché. J'ai acheté un téléphone portable pour chacun, j'ai offert un carré Hermès à ma tante et une voiture – une vraie ! – à ma sœur.

Je croyais sincèrement faire plaisir. Je pensais qu'ils allaient sauter de joie, mais je me trompais. J'en avais trop fait. Il n'est pas toujours facile de trouver la bonne attitude et la bonne distance par rapport à l'argent et aux bouleversements qu'il implique parfois. Il m'a fallu un peu de temps, mais je crois que j'ai fini par y arriver.

*

* *

En tout cas, les premiers mois, je me suis lâché. J'ai vite compris qu'il était facile de passer d'un train de vie modeste à l'aisance financière. J'ai renouvelé ma garde-robe, changé mes habitudes. Je me suis fait plaisir en m'achetant des tenues de luxe, une écharpe Dior, un manteau Burberry, des paires de baskets à foison, des jeans en pagaille et plus de chemises que je ne pourrais jamais en porter. Mon appartement ressemblait à l'arrière-boutique d'un magasin de fringues. Il y en avait partout : dans les armoires, sous le lit, sur le canapé. Je passais mes journées vêtu d'un simple maillot de bain, mais je me rattrapais le soir. Il n'y a pas si longtemps, j'ai fini par proposer à la Croix-Rouge de passer à la maison pour récupérer quelques vêtements. J'en avais trop, il y en avait plein que je n'avais jamais portés et cela devenait ridicule de conserver toutes ces fringues alors qu'elles pouvaient servir à d'autres.

Si j'ai claqué autant d'argent, c'est aussi à cause de mon banquier. Il faut toujours se méfier des banquiers. Quand vous êtes pauvre, ils refusent de vous prêter. Quand vous êtes riche, ils vous poussent à la consommation de manière indécente. Le mien n'arrêtait pas de me téléphoner. Monsieur Leveaux, vous n'aimeriez pas posséder la carte de crédit « Infinite » ? Vous verrez, elle est formidable, elle vous donne droit à des avantages et des services sensationnels. Monsieur Leveaux, vous savez que vous pourriez augmenter votre découvert autorisé dans des proportions dont vous n'avez même pas idée ? Monsieur Leveaux, passez donc me voir, je suis sûr que j'ai quelque chose d'intéressant pour vous. Monsieur Leveaux par-ci, monsieur Leveaux par-là, j'avais l'impression d'avoir un nouvel ami qui ne pensait qu'à me rendre service et à me faire plaisir.

*

* *

Entre 2008 et 2010, j'ai gagné de l'argent. Beaucoup d'argent. Pas autant qu'un footballeur, d'accord, mais je suis tout de même monté très haut. De quoi voir venir l'avenir avec une certaine sérénité. À partir de 2009, chez Lagardère, j'ai bénéficié d'un contrat d'image, comme les autres nageurs de l'équipe de France. Cette histoire de « contrat d'image », c'est parfois du grand n'importe quoi. Qu'un nageur champion du monde ou médaillé aux Jeux en bénéficie, c'est normal. Mais quand un mec qui n'a jamais dépassé le stade des séries aux championnats du monde ou d'Europe se voit proposer un tel contrat, il faut se poser des questions sur la politique de son club. Soyons sérieux, ce n'est pas un champion de France qui va donner envie aux mômes de s'acheter le dernier bonnet de bain qui porte son nom… En fait, la personnalité des sportifs passe avant leurs performances. Laure Manaudou a des contrats en or. D'après *L'Équipe,* elle était en 2007 au 29e rang des sportifs les mieux rémunérés, avec des revenus estimés à 2,8 millions d'euros.

Entre les lignes (de cocaïne)

Un jour, j'ai essayé la cocaïne. J'étais en vacances dans le sud de la France avec des copains. Ambiance tranquille, farniente, soleil, ciel bleu, le genre de circonstance où tout peut arriver. J'avais dix-huit ans, l'envie de tester des trucs, une disponibilité d'esprit et de corps propice à ce genre d'expérience. L'apéro s'éternisait, les discussions aussi, et j'ai remarqué un sachet de poudre blanche qui traînait sur la table, l'air de rien. Un de mes copains a sorti un billet de banque, l'a roulé, a formé un rail et s'est penché pour aspirer la traînée de poudre dans une narine, avec le plus grand naturel. Je devais avoir l'air étonné, car il m'a regardé comme si je venais de la planète Mars. Quand j'ai dit que je n'en avais jamais pris, chacun y est allé de son petit commentaire pour vanter les mérites de la poudre blanche et m'inciter à essayer. J'avais un peu bu, la tête qui commençait à tourner, et surtout l'envie de faire comme les autres pour ne pas mourir idiot. Avec l'espoir que les effets de l'alcool se dissiperaient et que mon mal de crâne naissant finirait par disparaître.

On me prépare une ligne, je prends le billet, j'aspire. Rien. Aucun effet. Le bide. C'est donc ça, la cocaïne ? Je suis déçu, j'avoue. Mais comme je ne suis pas du genre à rester sur un échec, je sniffe une deuxième ligne. Là, je sens la différence. Il se passe quelque chose. J'ai très chaud, tout d'un coup. Je sens une grosse bouffée de chaleur m'envahir. Bizarre, comme sensation. Et légèrement flippante. Me voilà qui transpire. Je me sens mal. J'ai envie de vomir. Vite, je fonce aux toilettes. Je recrache toutes mes tripes et tout l'alcool que j'ai ingurgité depuis le début de la soirée. Mauvais plan, vraiment. *Bad trip*, comme diraient les Américains, *very bad trip*. Je me dis que ce n'est pas aujourd'hui que je vais devenir accro à la coke.

Plus tard, je tenterai de nouveau l'expérience pour ne pas rester sur un mauvais souvenir. Mes quelques autres tentatives – quatre ou cinq, pas plus, juré craché, et toujours en dehors de la saison de natation – seront plus concluantes. Je ne trouverai pas ça désagréable. L'inconvénient, c'est la descente et la reprise de contact avec la réalité. Une horreur ! À chaque fois, en me réveillant, je ressens un mal de crâne terrible, comme si on m'avait appuyé sur le front avec une barre de fer. La seule chose à faire, c'est de rester sous la couette sans bouger et de ne se lever que pour boire ou pour aller aux toilettes. La cocaïne permet de dissiper les effets de l'alcool, ce qui est évidemment dangereux mais bien utile dans des soirées où l'on boit sans retenue. Je garde en mémoire les nuits sans fin avec d'autres nageurs qui, pour échapper à la pression, n'hésitaient pas à se perdre dans les paradis artificiels. Pour autant, je ne deviendrai jamais un adepte de la chose. À choisir, je crois que je préfère l'alcool.

*

*   *

Dans le petit monde de l'équipe de France de natation, tout le monde ne peut pas en dire autant. Certains d'entre nous ne crachent pas sur un petit rail de temps en temps. Pour d'autres, ce n'est plus un rail, c'est carrément une autoroute couverte de poudre blanche sur laquelle ils glissent à vitesse grand C, comme Cocaïne. C'est cool, la coke. C'est fun. C'est tendance. Les artistes en prennent, les gens du show-biz aussi, pourquoi pas les sportifs ? Et puis, il ne faut pas se voiler la face : c'est un produit dopant. Un euphorisant qui donne le sentiment d'être invincible et jamais fatigué, de repousser ses limites et de se transformer en un guerrier prêt à tous les combats. Je n'ai pas été vraiment surpris quand Huegill, l'ancien nageur australien, a été arrêté en possession de cocaïne en 2014… Je me souviens aussi que le frère d'un nageur de Paris avait carrément monté un petit business de revente. Il m'a encore récemment demandé de lui faire passer deux-trois grammes. J'ai refusé.

En ce qui me concerne, j'aime mieux faire les gros titres de la presse grâce à mes performances plutôt que pour avoir sniffé de la poudre blanche.

Nos entraîneurs ne sont pas dupes. Je me souviens d'une soirée, pendant les Jeux, où l'un d'eux était passé dans les chambres pour nous mettre en garde contre l'éventualité d'un contrôle antidopage le lendemain. Il avait cité la cocaïne parmi les produits à éviter. J'avais trouvé ça étrange et déplacé. C'était comme s'il nous disait : « Allez-y, les gars, faites ce que vous voulez, défoncez-vous tant que vous en avez envie, mais évitez de vous faire prendre les mains dans le sac et le nez dans la poudre. »

*

* *

J'en connais qui étaient prêts à courir tous les risques pour se procurer quelques grammes. Je l'ai compris pendant les championnats d'Europe de Budapest. Le quatrième jour de la compétition, je n'avais plus d'épreuve à disputer. J'étais déjà en vacances. Je passais mes journées à bronzer sur le bord de la piscine et à me balader avec une serviette sur l'épaule. Mais, le soir, je n'avais pas envie de moisir à l'hôtel. Je profitai de mon nouveau statut de vacancier pour faire un saut sur l'île Marguerite, où était organisé le festival de musique Sziget. Quand l'un des nageurs de l'équipe de France a su que j'allais traîner là-bas, il est entré dans ma chambre pour me demander un petit service, entre copains. Pour lui, la compétition n'était pas terminée. Il devait encore participer le lendemain à une épreuve. Il m'a expliqué qu'il connaissait un type, sur place, capable de lui trouver de la coke. Ce serait sympa si je pouvais entrer en contact avec lui, de sa part, et rapporter quelques grammes de poudre, ni vu ni connu, histoire de fêter la fin de l'épreuve en beauté.

Il risquait gros. Le lendemain de l'ultime course, un nageur peut être convoqué à un contrôle antidopage. Si les médecins trouvent des traces de cocaïne, ça ne pardonne pas : il est déclaré positif et il perd son titre. Il gagne en retour une réputation de tricheur qui lui collera à la peau pendant pas mal de temps, en espérant que sa carrière ne soit pas brisée net. Le contrôle antidopage ne cherche pas à savoir à quel moment un produit interdit a été absorbé. Dès lors qu'il est décelé, peu importe qu'il ait été consommé avant ou après l'épreuve, peu importe qu'il ait servi à tricher ou simplement à fêter une victoire.

C'est un grand garçon, il mesure les conséquences de ses actes, ce n'est pas à moi de le surveiller ni de lui faire la morale. Le soir, je me suis pointé sur le lieu du concert, un immense terrain en plein air envahi par des milliers de spectateurs mais aussi pas mal de flics locaux, comme un ultime souvenir de l'obsession policière de tout pays de l'Est qui se respecte. Moi aussi, je prenais un risque. Si je m'étais fait attraper en train d'acheter de la coke, j'imagine déjà les gros titres dans la presse française : Leveaux le dopé, Leveaux le drogué, Leveaux le cocaïnomane qui ternit la belle réputation de la natation française.

J'ai retrouvé le fournisseur local, sapé comme on peut l'imaginer de la part d'un dealer, avec la capuche sur la tête, le regard vaguement inquiet et un air de comploteur parano. J'ai fait affaire avec lui, chacun est reparti de son côté. On ne se connaissait pas, on ne s'était jamais vus avant, merci pour tout et bonne chance pour la suite. J'ai assisté à un concert avant de rentrer tranquillement à l'hôtel, l'objet du délit bien planqué dans ma poche, l'air aussi naturel que si je me baladais avec un paquet de M&M's. En rentrant à l'hôtel, je l'ai déposé comme convenu dans le seau à glace de la chambre de mon coéquipier et je suis passé à autre chose.

*

* *

Il ne faut pas se faire d'illusions : ce garçon n'est pas le seul à consommer de la cocaïne. Les amateurs de natation et les supporters de l'équipe de France seraient sans doute étonnés de découvrir tout ce qui se passe en coulisses, avant ou après une compétition. Car leur comportement est pour certains loin d'être aussi lisse que leur musculature.

Et je ne parle pas seulement d'autres nageurs, ce serait trop facile. Je suis aussi coupable qu'eux. Je ne suis pas à l'abri des dérives, moi non plus. Nous sommes un certain nombre à être en contradiction flagrante avec l'image que nous renvoyons de nous, lors d'une compétition ou à l'occasion des entretiens – bien trop policés pour être tout à fait honnêtes – que nous accordons à la presse.

Quand un beau gosse de l'équipe de France, chouchou du grand public, s'éclipse lors d'une soirée pendant les Jeux de Londres en compagnie de l'attachée de presse de la boîte où nous sommes en train de faire la fête, ce n'est pas pour discuter de son plan médias ni pour améliorer sa pratique de l'anglais. Et quand il m'envoie un texto, un peu plus tard dans la nuit, pour m'inciter à le rejoindre dans l'appartement de la fille, où je le retrouve allongé sur elle en train de sniffer un rail de coke entre ses seins, je trouve la situation plutôt glauque.

Je me dis parfois que nous ne méritons pas toujours les encouragements des supporters de l'équipe de France. Et que les sportifs préférés des Français n'ont pas toujours le comportement qui devrait être le leur s'ils voulaient vraiment se montrer à la hauteur de leur réputation et dignes de la passion collective qui les pousse vers l'avant.

Smicard

En décembre 2008, je participe au « Grand Journal » de Michel Denisot, sur Canal +. Bernard Thibault, le patron de la CGT, fait partie des invités. À un moment, la conversation aborde les questions d'argent. Le sujet ne me dérange pas, je n'ai pas de complexe par rapport à ce que je gagne. En plus, je suis venu pour le plaisir, je suis en mode détente et je n'ai pas envie de me prendre la tête avec des questions d'image. Quand Denisot me demande comment cela se passe pour moi, sur ce plan-là, je lâche une petite phrase : « Nous, les nageurs, nous sommes les smicards du sport. » Raclements de gorge et toussotements gênés sur le plateau.

Bon, c'est vrai, il y avait un peu de provocation dans mes propos. Je suis bien conscient des sommes que nous gagnons et du décalage qui peut exister avec des gens qui triment dans une usine pour quelques centaines d'euros par mois. Pas besoin de me faire la leçon, j'ai eu l'exemple de ma mère sous les yeux pendant des années, je sais très bien comment vivent, ou même survivent, beaucoup de travailleurs en France. Mais je n'ai pas voulu choquer, j'ai simplement souhaité attirer l'attention sur la différence de traitement entre les catégories de sportifs. Les écarts de rémunération entre un footballeur et les autres sont hallucinants. Et je les trouve injustifiés.

Pourtant, tous autant que nous sommes, nous nous entraînons dur, nous accomplissons des performances, nous battons des records, certains d'entre nous laisseront une trace dans l'histoire de leur discipline. Un nageur, un handballeur ou un gymnaste n'a pas moins de mérite ni moins de talent qu'un footballeur. Mais, voilà, l'argent des chaînes de télévision fait la différence, ainsi que le fossé qui existe entre la notoriété des différentes disciplines. D'où ma remarque sur le plateau, qui a pu déranger, mais qui traduit une réalité. Et cette réalité ne concerne pas que les nageurs : la plupart des autres sportifs sont des smicards en comparaison avec nos amis les footeux, que je suis d'ailleurs le premier à aller applaudir au Parc, en bon supporter du PSG de Zlatan. Comme le dit l'entraîneur Fabrice Pellerin, « un nageur, c'est un footballeur qui n'a pas encore d'argent ».

*

* *

J'étais bien content de cette invitation au « Grand Journal ». Cela faisait déjà quelque temps que je demandais à Franck Horter, le frère de mon entraîneur à Mulhouse, de m'expliquer pourquoi on parlait si peu de moi dans la presse, quand d'autres nageurs au palmarès maigrelet avaient droit à des « papiers » réguliers. J'étais loin des questions d'argent, des arrangements entre copains et des petits jeux politiques. J'étais sans doute un peu naïf, et je faisais confiance aux dirigeants du club pour défendre mes intérêts. Ce en quoi j'avais tort, mais je ne m'en suis aperçu que plus tard.

Par la même occasion, j'ai mieux compris comment fonctionnent certains médias, comment une notoriété peut se construire en fonction d'intérêts mutuels bien compris et comment elle peut, du jour au lendemain, laisser la place à l'anonymat médiatique. Avant 2008 et les Jeux de Pékin, j'étais loin d'être le chouchou de la presse et de la télévision. Ensuite, tout a changé. Mes deux médailles olympiques ne sont pas étrangères, bien sûr, à l'intérêt que les journalistes ont manifesté à mon égard. Mais un autre facteur a joué un rôle important : Franck Horter a signé un contrat avec l'agence de relations publiques Olivia Payerne. Sa mission était simple : faire parler de moi, obtenir des papiers, des interviews et des reportages télévisés.

On s'imagine sans doute que ce sont les journalistes eux-mêmes qui choisissent de consacrer un sujet à tel ou tel sportif, en fonction de ses résultats, de sa personnalité ou de sa notoriété. La presse française est libre, personne ne lui dicte ce qu'elle doit faire, et un journaliste sportif est assez grand pour décider tout seul des thèmes de ses articles. Question de compétence professionnelle et de déontologie. En théorie, c'est en effet le cas. En pratique, les choses fonctionnent de manière différente. Car il ne faut pas sous-estimer le rôle et le poids des attachés de presse, des responsables de communication et des agences de relations publiques. Leur influence et leur pouvoir de prescription auprès des rédactions sont loin d'être négligeables.

Je l'ai constaté au lendemain de Pékin et des championnats d'Europe de Rijeka. À ce moment-là, les papiers se sont mis à tomber dans les journaux comme les titres olympiques sur la tête de Michael Phelps, c'était impressionnant. C'est vrai, j'avais changé de statut sportif, je venais d'obtenir deux médailles olympiques, mais tout de même. Je ne comprenais pas ce décalage soudain, ce passage brutal d'une relative absence à un trop-plein de sollicitations. On m'a vu dans des magazines qui ne m'accordaient aucune attention quelques semaines plus tôt, comme le mensuel masculin branché *GQ*, et dans quantité d'autres titres dont je ne connaissais même pas l'existence, sans parler des télés et des radios. Je ne sais pas si cela a joué un rôle, je n'en ai pas la preuve et je n'ai jamais cherché à l'obtenir, mais la patronne de l'agence de relations publiques engagée par Franck Horter n'était autre que la femme du responsable des sports olympiques au quotidien *L'Équipe*...

*

* *

L'Équipe et la Fédération française de natation partagent des intérêts communs. Si elles le veulent, elles possèdent le droit de vie ou de mort sur un athlète. Avant chaque olympiade, la Fédération dresse la liste des nageurs sur lesquels elle souhaite voir porter le travail de médiatisation. Une série d'articles bienveillants, des portraits louangeurs et des interviews bien calibrées à la télévision peuvent donner un coup de fouet à une carrière. À l'inverse, un gros titre peut provoquer des ravages. Il suffit de se souvenir de la « une » de *L'Équipe*, pendant la Coupe du monde de foot en Afrique du Sud, en 2010. Ce titre choc, à l'origine du départ de Nicolas Anelka et du fameux épisode de la grève des joueurs, avait « tué » Anelka sur le plan médiatique et sportif.

Je n'ai pas connu un tel sort, heureusement pour moi. Ma situation et ma notoriété n'avaient rien de comparable. Mais il s'est tout de même passé une chose étrange : tout d'un coup, aux alentours du mois de mars 2009, plus rien. Silence radio, la fête est finie. Plus d'articles, ou presque. Plus de sollicitations médiatiques, comme si je n'existais pas. Ou alors, si la presse s'intéressait encore à moi, c'était pour me descendre après m'avoir encensé. Dans les deux cas, c'était excessif. Je pense que je ne méritais ni l'un ni l'autre.

Sur le moment, je n'ai pas tout saisi. Franck Horter m'a donné une explication que j'ai trouvée plutôt fumeuse. D'après lui, j'aurais été trop présent dans les médias, il ne fallait pas me surexposer, au risque de provoquer une lassitude chez les lecteurs et les téléspectateurs. Admettons.

Quelque temps plus tard, j'ai obtenu le fin mot de l'histoire : la facture de l'agence n'était pas réglée. Pas payée, pas de papiers. Logique. Soyons charitables, mettons ça sur le compte d'une mauvaise gestion ou d'une distraction passagère. Le plus cocasse, dans cette histoire, c'est que la boîte de com' avait envoyé sa facture à mon nom, comme si c'était à moi, et non au club, qu'il revenait d'assumer sa rémunération.

*

*   *

À leur manière, les dirigeants de Mulhouse ne manquent pas d'un certain sens de l'humour, même si je n'ai pas trouvé ça très drôle sur le moment. Dès mon arrivée, il s'est passé une chose étrange. À l'occasion de ma première compétition, j'ai constaté que mon nom était mal orthographié sur ma fiche officielle. Il manquait un « x » à Leveaux. Sur le moment, je ne m'en suis pas formalisé. J'ai pensé à une simple erreur sans importance. Mais, par la suite, cette erreur s'est répétée. À chaque course, j'étais enregistré sous le nom de Leveau. Pendant deux ans, je l'ai fait remarquer aux dirigeants en leur demandant de rétablir la bonne orthographe. En vain. Un jour, j'ai eu un déclic. Ce petit oubli évitait de payer une indemnité de transfert à Delle, mon précédent club ? Le Amaury Leveau sans « x » qui nageait sous les couleurs de Mulhouse ne serait pas censé être le même nageur que le Amaury Leveaux de Delle ? Bon, laissons leur le bénéfice du doute. Je crois que les responsables de Delle ont réclamé leur dû, mais un petit club d'une centaine de licenciés à peine ne pesait pas lourd face à Mulhouse et ses quelque trois mille nageurs.

*

* *

La gestion de mes contrats publicitaires n'a pas été une réussite, elle non plus. Lorsque je suis arrivé au Racing, en septembre 2009, plusieurs personnes m'ont fait part de leur étonnement. Elles ne comprenaient pas pourquoi je n'apparaissais jamais dans des spots publicitaires, alors que d'autres nageurs bien moins titrés que moi ressemblaient, en comparaison, à ces hommes-sandwichs qui défilent dans la rue avec des panneaux de pub accrochés dans le dos. Là non plus, je n'avais pas la réponse.

Pourtant, les propositions de contrat ne manquaient pas. L'attachée de presse de la Fédération m'avait prévenu qu'elle recevait des appels de la part de marques de luxe, de couches ou de gâteaux. Mais je n'en étais pas informé, pour des raisons que j'ignore encore aujourd'hui. Quand je m'étonnais de ne pas avoir de sponsor malgré mes performances, en dehors d'une marque d'équipement sportif, quand je faisais remarquer aux dirigeants du club que j'étais l'un des rares à ne pas posséder de voiture fournie par un constructeur, on me répondait, en substance : « Tais-toi et nage. » Tant que je n'étais pas titré, je ne disais rien. Je me contentais de nager et de faire ce qu'on me demandait, en bon petit soldat des bassins, obéissant et discipliné. Mais, à partir du moment où j'ai accumulé les performances, cette situation m'a paru injuste.

Un matin du mois de juin 2009, j'en ai eu marre. J'ai décidé de ne pas me lever. Le téléphone s'est mis à sonner sans relâche. C'était Lionel Horter, évidemment. J'ai fait le mort. Il a appelé une deuxième fois. Puis une troisième. Puis une quatrième... J'étais tranquille, en train d'avaler un café tout en jetant un œil à la télé. À 10 heures, après l'entraînement, Lionel a déboulé chez moi. Il m'a demandé ce qui se passait, s'est inquiété de savoir si j'avais des problèmes. Je l'ai rassuré, tout allait bien. À un détail près : j'en avais par-dessus la tête de ne pas être pris en considération par le club. On m'avait promis monts et merveilles pour le jour où mes performances justifieraient mes revendications, mais ces belles promesses étaient restées lettre morte.

Les championnats de France, organisés à Montpellier quelques mois plus tôt, avaient agi comme un déclic. C'est à ce moment-là que l'idée de partir m'est venue à l'esprit. J'ai songé à tenter ma chance aux États-Unis. Je m'en suis ouvert à Franck Horter. Je ne voulais pas quitter le club, j'avais simplement envie d'un break, d'une parenthèse de quelques mois, d'une nouvelle expérience avec un autre entraîneur, dans un environnement inédit. Le moment était idéal pour bouger, puisqu'il n'y avait ni Jeux ni championnats du monde cette année-là. Je faisais confiance à Franck : il s'était expatrié outre-Atlantique quand il était nageur, il était donc en mesure de me comprendre. Et son rôle de conseiller, qui se rapproche parfois de celui d'un confident, aurait dû le dissuader de répéter mes propos. Mais il n'a pas été à la hauteur de mes attentes. Il s'est empressé d'en parler à Lionel. Toute la famille Horter s'est trouvée au courant, ce qui m'a valu une convocation et une engueulade mémorable dans le bureau du père. « Leveaux, t'as le cul dans le béton avec tous les contrats, alors maintenant tu fermes ta gueule, tu viens à l'entraînement et tu nous emmerdes pas ! » Il pouvait hurler tant qu'il voulait : j'avais décidé de quitter Mulhouse. Son attitude ne pouvait que renforcer ma détermination.

*

*   *

Le fonctionnement de ce club est toujours resté opaque et mystérieux à mes yeux. C'est une histoire de famille, avec tous les inconvénients que cela comporte. Tout le monde se serre les coudes, la loi du clan fait office de règlement intérieur et le pouvoir ne se partage pas. Le père est président, sa femme secrétaire générale, l'un des deux fils est entraîneur et l'autre directeur adjoint, en plus de son poste de responsable pour l'Europe de l'équipementier Tyr Sport. Tous les nageurs qui ont quitté ce club sont partis en mauvais termes. Je n'en connais pas un qui ait réussi à garder de bonnes relations avec la famille Horter.

Mes amis les journalistes

Du jour au lendemain, les mêmes journalistes étaient capables d'affirmer une chose et son contraire sans états d'âme. Je n'ai jamais compris comment on peut retourner sa veste en aussi peu de temps, aussi vite que je négocie un virage sur un cent mètres nage libre.

Ils tirent un véritable pouvoir de leur position. Le pouvoir de faire ou de défaire une carrière, de donner leur avis, d'être écoutés à défaut d'être entendus, d'avoir leur nom en bas d'un papier, de passer à la télé et de s'inviter dans les foyers, de tutoyer certains athlètes ou d'être amis avec d'autres.

Il faut reconnaître que certains d'entre nous ne les aident pas à hisser le niveau de leurs articles. Le discours de mes camarades nageurs est parfois consternant, tant il est imprégné de cette langue de bois qui m'exaspère.

Ils parlent dans le micro comme s'ils marchaient sur des braises, comme si le moindre mot allait mettre leur carrière en l'air. « J'ai un peu loupé mon virage, je n'étais pas en très grande forme… » Oh, coco, tu nous prends pour des billes ? Tu t'imagines qu'on est aveugles ? On l'a bien vu que tu as loupé ton virage, tu n'as pas autre chose de plus intéressant à dire ? Ah, il y a aussi le grand classique : le nageur patriote, celui qui fait passer l'intérêt supérieur du pays avant son plaisir personnel. Je l'aime bien, celui-là. « Aujourd'hui, je me suis fait plaisir, j'ai nagé pour la France et j'ai donné du plaisir à tous les Français… » Quand j'entends ça, j'ai vraiment envie d'empoigner le type par le col – ou plutôt par le maillot de bain. Non, sérieux, mon gars, arrête deux minutes ! Tu nages pour toi, tu nages pour gagner, tu nages parce que tu as signé un contrat et que tu dois l'honorer ! La bonne blague… On peut rester naturel quand on répond à une question. Même si, c'est vrai, certaines sont bien pourries. Le pire, c'est le type qui nous colle son micro sous le nez et nous demande, à la sortie du bassin : « Et alors ? » Et alors quoi ?

C'est triste à dire, mais la natation est devenue un paradis de la langue de bois et des discours formatés. On croirait entendre des politiques.

*

* *

« Amaury, tu devrais parler un peu moins... »

Cette phrase, j'ai dû l'entendre des dizaines de fois. C'est fou, le nombre de gens bien intentionnés qui prennent soin de moi. Certains de mes entraîneurs, des gens de la Fédération française de natation, des copains nageurs, des journalistes... On me conseillait de faire attention, de ne pas trop en dire et de garder dans ma poche ce qui devait rester caché. On invoquait des intérêts supérieurs : le club, les sommes en jeu, ma réputation à protéger, ma carrière à préserver ou je ne sais quoi encore. Tous ces braves gens prêts à m'abreuver de conseils cherchaient surtout à préserver leurs intérêts. Ils auraient aimé que je sois dans le moule, que je me conforme à la langue de bois en vigueur dans le sport, que je ne bouscule pas les intérêts en place et que je respecte la règle du jeu – *leur* règle du jeu. On aurait préféré que je ne fasse pas de vagues et que je me comporte en vaillant petit soldat, obéissant et discipliné, toujours prêt à m'extasier devant les décisions de la Fédé ou à vanter les mérites des sponsors. Le jour où j'ai eu le malheur de dire que la Team EDF était une sélection constituée d'illustres nageurs inconnus – à l'exception d'Alain Bernard en guise de tête d'affiche –, je me suis fait taper sur les doigts. Je me disais que ce serait bien que moi aussi je rejoigne la team, que les gens étaient là pour m'applaudir parce que j'avais accumulé les médailles. Et pas en raison de ma tronche sur une pancarte. « Amaury, tu ne peux pas dire ça », m'a-t-on expliqué. Ce n'est pas moi qui parle trop, ce sont les autres qui ne parlent pas assez.

*
* *

Et les journalistes en redemandaient.

En mars 2012, les épreuves du championnat de France se tinrent à Dunkerque. C'était la dernière participation aux championnats d'Alain Bernard, qui devait arrêter sa carrière quelques mois plus tard. Un grand moment d'émotion, comme on dit à la télé, avec ovation du public, hommages appuyés des journalistes et interviews en rafale du futur retraité. Cette journée revêtait une dimension particulière : les meilleurs d'entre nous seraient qualifiés pour les Jeux de Londres et Alain s'était fait éliminer de toutes les épreuves individuelles. En partie à cause de moi, puisque je lui avais barré la route des Jeux lors du cinquante mètres nage libre. Les télés le sollicitaient sans arrêt, il enchaînait les interviews, on sentait que cette journée était un moment très émouvant pour lui. Mais aussi pour toute la natation française : on assistait à l'une des dernières compétitions d'un très grand champion. J'étais censé répondre aux questions de Xavier Marchand, un ancien nageur, vice-champion du monde du deux cents mètres quatre nages, reconverti à la télé. Mais l'attente s'éternisait, car toutes les caméras étaient mobilisées pour Alain.

Au bout de quelques minutes, j'en ai eu marre d'attendre et l'ai dit à Xavier : « C'est bon, là, il arrive ou pas ? Je ne vais pas rester là deux heures ! Il arrête, d'accord, mais ce n'est pas la fin du monde, si ? » Pas de chance, la caméra tournait, nous étions en direct. Quand Xavier m'a demandé ce que je ressentais, j'ai rectifié le tir en disant que le départ d'Alain m'attristait, qu'il avait réalisé une grande carrière, mais que, après tout, il n'y avait pas mort d'homme et que la vie continuait.

Je me suis parfois fait rouler par certains journalistes, c'est vrai, pour avoir eu le tort de leur faire confiance. Combien de fois m'a-t-on fait dire des phrases que je n'avais jamais prononcées, chose assez banale dans les pratiques de certains médias. Il suffit de ne garder que quelques mots, de les mêler à des déclarations extraites de vieilles interviews, de saupoudrer le tout de quelques confidences censées rester « off », et le tour est joué. En 2010, je discute tranquillement avec un pigiste de *L'Équipe*. Un gars sympa et plutôt touchant, qui me raconte sa lassitude après dix années de piges sans perspective d'embauche. On bavarde, j'ai confiance en lui, je me laisse aller à quelques confidences. Quand je lis son papier, quelques jours plus tard, je tombe de haut : le type m'a massacré. Il a déformé ce que je lui avais raconté et m'a fait tenir des propos fantaisistes en laissant penser que je n'aimais pas la natation et que j'avais envie d'arrêter ma carrière… Une bonne leçon.

*

* *

Ils me font bien rigoler, mes potes de l'équipe de France, à prendre des poses et à jouer les âmes pures.

J'adore Yannick Agnel, il est sympa, il a du talent et ça ne m'étonne pas si les Français l'ont adopté. Mais il faudrait arrêter de nous faire croire qu'il a décroché son brevet de roi des intellectuels, avec son livre de russe dans la main gauche et son livre de chinois dans la main droite… Les médias adorent ça, on s'en doute, trop heureux d'avoir du grain à moudre pour leurs papiers en racontant avec complaisance le parcours prétendument hors norme d'un jeune homme à la tête bien faite et bien pleine. « Le double champion olympique qui cite Montesquieu », titre *Le Nouvel Obs*. Le mythe Agnel, celui du nageur-drôlement-cultivé-et-même-qu'il-a-lu-plein-de-vrais-livres-dans-sa-vie, n'est rien d'autre qu'une pure fabrication des médias, bien pratique pour vendre du papier. Chacun a son image : Bousquet, c'est « Monsieur Perfect », Bernard, c'est l'homme « qui prend du plaisir et donne du plaisir », choyé par la Fédération parce qu'il dit ce qu'elle a envie d'entendre.

Les lois du marketing

À Pékin, nous avons terminé en deuxième position du relais quatre fois cent mètres nage libre, derrière l'équipe des États-Unis. J'imagine que le public français a dû se montrer satisfait de notre médaille d'argent. Finir à 8 centièmes de seconde d'une équipe emmenée par un Michael Phelps survolté, qui rentrera à la maison avec huit médailles d'or, ce n'est pas si mal. Pourtant, je garde un souvenir amer de cette course. Pas tant à cause de notre médaille d'argent, qui n'a évidemment rien de honteux, bien au contraire. Mais parce que nous aurions pu, nous aurions dû repartir avec l'or. Et si nos dirigeants n'avaient pas sacrifié le résultat sportif aux impératifs du marketing, la fin de l'histoire n'aurait pas été la même.

Cette finale promettait un bel affrontement entre nos deux équipes. Pour nous, c'était aussi l'occasion d'une revanche sur les Américains : ils nous considéraient volontiers comme de gentils amateurs. Nous avons terminé en tête de la première série de qualifications en battant le record du monde. Dans la deuxième série, les Américains ont explosé notre record. Ça commençait fort ! Les médias et les amateurs de natation étaient excités à l'idée de nous voir nous affronter lors des demi-finales et de la finale, dont personne ne doutait qu'elle consisterait en un duel épique.

Nous n'avions rien laissé au hasard, et surtout pas notre ordre de passage. Une course de relais consiste aussi en un subtil calcul tactique afin de déterminer la succession des nageurs en fonction des points forts de chacun. J'ai été désigné pour m'élancer le premier, en raison de mes qualités de sprinter. Mon rôle consistait à prendre le plus d'avance possible pour assommer l'équipe adverse et préparer le terrain pour mes coéquipiers. Fabien Gilot devait me succéder, puis c'était au tour d'Alain Bernard. Ils étaient capables de conserver l'avance et de gérer la course, en attendant l'intervention de Frédérick Bousquet. Fred est un finisseur exceptionnel. Si tout doit se jouer dans les derniers mètres, il est capable de se défoncer pour arracher une victoire au *finish*. Et il connaît bien les nageurs américains : en 2002, il est parti s'entraîner aux États-Unis, à Auburn, au sein d'une équipe universitaire. Tout avait été soigneusement préparé, pensé et planifié. Il ne restait plus qu'à…

Malheureusement, tout ce que nous avions mis au point a volé en éclats au dernier moment. Alors que nous nous trouvions dans la chambre d'appel, ultime étape avant l'entrée dans le bassin et moment de concentration intense, Claude Fauquet, le directeur technique national, nous a informés qu'il venait de modifier notre ordre de passage. Finalement, ce serait Alain et non pas Fred qui partirait en dernière position. C'est une aberration, une connerie monumentale, une stupidité sans nom ! Si jamais nous sommes en difficulté, si le résultat dépend de la performance du dernier nageur, personne n'est mieux placé que Fred pour faire la différence et toucher le mur le premier. Nous le savons tous, nous en avons longuement discuté et personne n'a remis en cause cette stratégie. Nous comprenons d'autant moins ce revirement que Claude Fauquet lui-même a toujours été convaincu de la pertinence de la répartition des rôles initiale. Mais il n'est plus possible de revenir en arrière : l'ordre de participation a été signé par Claude sur la feuille officielle. Je partirai en premier, Fabien me suivra, Frédérick passera après lui et c'est Alain qui aura la lourde charge de s'élancer le dernier.

Nous sommes plutôt sceptiques, et le mot est faible. Le pire, c'est que Claude Fauquet ne dispose pas d'argument de poids pour emporter notre adhésion. Il sent bien que nous sommes réticents, mais tout ce qu'il trouve à dire, c'est que l'ordre de passage n'a aucune importance et que nous sommes capables de gagner. S'il croit qu'il va réussir à nous remobiliser avec un discours aussi pauvre… Ce revirement de dernière minute a été dicté par des considérations de pur marketing. Si c'est Alain

Bernard qui termine la course en tête, l'impact médiatique de la victoire sera bien plus grand grâce à sa notoriété et à sa cote de popularité auprès des journalistes. Alain incarne la réussite à la française du sport de haut niveau. C'est un bel exemple pour la jeunesse. Personne ne le conteste. Mais cette décision, dictée par des objectifs qui n'ont rien à voir avec le sport, risque de faire s'écrouler l'édifice collectif que nous avons bâti en prévision de la course.

Il est trop tard pour gamberger. Le signal de départ va être donné dans quelques minutes. Nous nous prenons dans les bras pour nous motiver, Fred nous dit et nous répète que nous sommes les meilleurs. Nous allons leur montrer, à ces Américains, que les petits *Frenchies* ne sont pas des baltringues comme ils se l'imaginent. Cette médaille d'or, je la veux. Mes trois copains aussi. Alors, pourquoi pas ?

*

* *

Pourtant, j'étais bien parti. J'ai réalisé une bonne coulée, je suis sorti en tête devant Michael Phelps. Phelps, le meilleur nageur du monde, un monstre, une machine impressionnante. J'ai nagé le plus vite possible, de toutes mes forces. Le Sud-Africain Lyndon Ferns et l'Australien Eamon Sullivan se sont montrés redoutables. Personne n'avait parcouru aussi rapidement les cinquante premiers mètres lors d'un relais. Et au passage de témoin, Lyndon a battu le record du monde en 47 secondes et 24 centièmes. Un exploit ! J'ai terminé troisième, en 47 secondes et 48 centièmes, un très bon temps que peu de nageurs ont réalisé dans leur carrière.

Mais il était dit que cette course ne ressemblerait à aucun des relais précédents et qu'une page d'histoire de la natation s'écrirait ce jour-là. Fabien était en grande forme, lui aussi. Il a réussi à grignoter quelques centièmes et à rattraper une partie de notre retard. De mon côté, tout en observant sa course, je suis allé tenter de motiver Fred, comme me l'avait demandé Romain Barnier, son entraîneur. Il savait que je trouverais les mots pour le pousser à donner le meilleur, quitte à le brusquer et à lui rentrer dedans. Et je ne me suis pas privé pour le secouer... Je lui ai dit que tout se jouait dans l'eau, que c'était bien beau d'exhiber ses pectoraux et d'être le plus balèze de la piscine, mais que tout le monde se foutait de ses muscles. J'ai été dur, mais je voulais que Fred se surpasse, qu'il s'arrache comme jamais il ne l'avait fait, et qu'il montre à ses copains américains qu'ils n'étaient pas forcément les maîtres du monde.

En fin de course, nous étions troisièmes. Rien n'était perdu, tout restait possible. Fred s'est défoncé, il a réussi à passer devant les Américains et à prendre un peu d'avance sur eux. Tout se jouerait dans le dernier relais. Le sort de cette course reposait désormais sur les épaules d'Alain, chargé de conserver notre petite avance. S'il gérait son parcours correctement, s'il ne s'affolait pas, nous décrocherions l'or. Et nous en profiterions pour remettre gentiment en place nos amis américains. À la mi-course, nous avions la médaille d'or autour du cou. Je crois que tout le monde, dans les tribunes et devant les écrans de télé, s'attendait à entendre retentir *La Marseillaise*. Pas moi. Je sentais que quelque chose pouvait clocher, je comprenais que ce relais risquait de nous échapper. Nos espoirs se sont effondrés quand l'Américain Jason Lezak a entamé sa remontée.

Lezak a sorti le grand jeu. Sa course était maîtrisée : il a su prendre la vague d'Alain et en profiter pour entamer une remontée incroyable. L'avance acquise par Fred se réduisait peu à peu, de manière inexorable. Petit à petit, Jason reprenait du terrain. Son virage était parfait, sa stratégie aussi, sa puissance irrésistible. Jason et Alain ont touché le mur en même temps. L'espace d'une seconde, j'ai cru qu'un miracle était possible. Mais il a bien fallu nous rendre à l'évidence : nous venions de terminer en deuxième position. Tout s'est joué à 8 centièmes de seconde. 8 centièmes, soit 4 centimètres. Même pas la longueur d'un doigt... Les Américains repartiraient avec la médaille d'or et rien ne les empêcherait de continuer à nous prendre de haut, en dépit de notre performance hors du commun. Nous les avons félicités, beaux joueurs, mais le cœur gros, avant de partir vers le point presse en baissant la tête pour masquer notre déception. Fred nous incitait à ne rien laisser transparaître de nos émotions et de notre tristesse.

« On positive, les mecs ! Souvenez-vous, il y a quatre ans, tout le monde disait qu'on était morts, et regardez où nous sommes aujourd'hui ! »

Quand Nelson Monfort nous tend le micro, c'est lui qui a pris la parole. Fred a un gros moral, il ne se laisse pas démonter par une défaite, et il possède ce talent rare de savoir trouver les mots qu'il faut devant les médias. Après tout, nous sommes deuxièmes, nous repartons avec la médaille d'argent et la Terre ne s'est pas arrêtée de tourner parce que nous avons raté l'or.

« Le sentiment qui domine, aujourd'hui, c'est le bonheur ! Si on nous avait proposé, il y a un an, de signer pour monter sur le podium, on aurait dit "oui" tout de suite, sans hésiter ! Nous avons battu notre meilleur temps en relais, c'est déjà incroyable, et finir vice-champions olympiques derrière les Américains, c'est tout de même un honneur ! »

Il parle vraiment bien, Fred. Et sur le fond, il a raison. Mais il a beau dire, nous sommes anéantis. Nous sommes convaincus d'avoir laissé filer une médaille que nous aurions pu décrocher et d'être passés tout près de la victoire. Quand Nelson m'a tendu le micro, je me suis senti obligé de confirmer ce que Fred venait de dire.

« On est venus ici pour le plaisir et la victoire s'est jouée à pas grand-chose. On a fait 4 secondes de mieux qu'à Paris, on a largement battu le record du monde et on est vice-champions olympiques, c'est que du bonheur ! »

Que du bonheur, tu parles… Je sais bien que je ne suis pas crédible. Je ne crois pas un mot de ce que je raconte. J'ai l'impression de dérouler un argumentaire bien rodé, comme un écolier modèle qui se contente de réciter la leçon bien apprise. J'en veux à tout le monde. Au DTN, pour avoir changé l'ordre de passage sans nous prévenir alors que nous avions tout réglé au quart de poil. À Alain, pour avoir raté sa course, *notre* course à tous les quatre. À moi, surtout, pour ne pas avoir été meilleur. J'ai fait le maximum, je suis allé au bout de mes forces et de mes ressources, mais ça n'a pas suffi. Le relais, ce n'est pas la même chose qu'une course en individuel. L'individu s'efface derrière le collectif. On ne nage pas pour soi – une fois n'est pas coutume –, mais pour les autres, pour le groupe, pour les copains. On se transcende pour un truc qui nous dépasse tous. Une équipe de relais vaut plus que la somme des quatre individus qui la composent. Je suis déçu, et je sais que mes trois coéquipiers ressentent la même chose que moi.

D'ailleurs, après la course, le clan des Marseillais ne s'est pas privé pour charger Alain Bernard, qui nageait alors pour Antibes.

Nous pouvons toujours nous consoler en nous disant que nous avons battu notre record de 4 secondes, mais c'est une maigre consolation. Cette médaille d'argent nous laisse un goût amer. Et nous vivons assez mal, soyons honnêtes, le souvenir de ces quatre nageurs américains en train de se congratuler et de savourer leur victoire. Car leur victoire, de notre point de vue, c'est d'abord notre défaite.

Star-système

Si je me suis lancé dans la carrière de nageur professionnel, ce n'était pas pour me faire photographier dans les magazines *people*. Personne ne m'avait expliqué ce qui m'arriverait. Personne ne m'avait mis en garde contre les inconvénients de ce statut social étrange qui vous vaut d'être reconnu dans la rue, de signer des autographes, et de sentir que vos relations avec les autres – hommes et femmes, mais surtout les femmes – ne pourront jamais redevenir ce qu'elles étaient auparavant.

Dès que l'on est un peu connu, tout peut arriver, à tout moment. Le meilleur comme le pire. Les belles rencontres comme les mauvais plans. On ne peut rien contre cette espèce de fatalité qui fait de nous une cible idéale pour les chasseurs de scoops, les chercheurs d'embrouilles et les traqueurs de stars, tous ceux qui rêvent de leur quart d'heure de célébrité et qui comptent sur nous pour se faire une place, même toute petite, au soleil de la gloire médiatique. Sans parler des profiteurs professionnels et de tous les rapaces qui ne se gênent pas pour grappiller quelques avantages au détriment d'une célébrité.

Au retour des Jeux de Pékin, en 2008, après un voyage de rêve en avion, agrémenté de champagne, de vin rouge et de foie gras à volonté, les retrouvailles avec la réalité ont été moins agréables. Arrivé à Roissy, alors que je devais retourner à l'aéroport d'Orly pour récupérer mes bagages, je me suis aperçu que je n'avais pas un centime en poche. Impossible de demander à un autre nageur de l'équipe de France de me dépanner : ils étaient tous partis dans des directions différentes. Et comme le chauffeur de la navette Air France, qui n'avait pas dû regarder les Jeux à la télé, ne savait pas qui j'étais et refusait de me laisser monter sans billet, je me suis vu obligé de prendre un taxi. Coup de bol, un jeune couple m'a reconnu et m'a proposé de partager les frais. Pendant le trajet, je leur ai raconté mes médailles et j'ai sacrifié au rituel du *selfie* en leur compagnie. À Orly, j'ai retiré de l'argent au distributeur après avoir espéré que ma carte de crédit, trop souvent sollicitée à Pékin, ne me fasse pas faux bond. Il ne restait que cinquante euros sur mon compte, ce qui suffisait pour régler la moitié de la course. J'ai vite compris que c'était le jeune couple sympathique qui m'avait fait faux bond : il avait profité de mon passage au distributeur pour expliquer au chauffeur que je paierais l'intégralité, soit une soixantaine d'euros, avant de s'éclipser. Par chance, ce dernier, amateur de natation ou tout simplement sympa, m'a fait cadeau des dix euros qui me manquaient...

Mais je ne vais pas non plus m'interdire de sortir, sous prétexte qu'un appareil photo indiscret ou un smartphone anodin risque de me gâcher la soirée. Je me suis déjà fait piéger. Comme lors de cette soirée au Queen, une boîte parisienne. Le lendemain, je me suis retrouvé sur purepeople.com, le site Internet consacré aux *people* en tout genre. La photo était éloquente, ou du moins semblait l'être : on pouvait me voir avec un verre dans une main et une clope dans l'autre. Il ne manquait plus qu'un rail de coke dans le nez et une fille sur les genoux pour compléter le tableau de ma supposée débauche. « Nuit au Queen, nicotine, filles et alcool : qu'a-t-il à fêter ? », titrait le site le lendemain. S'ils savaient ce que font les autres...

À Londres, pendant les Jeux de 2012, je me suis fait prendre en photo à mon insu alors que j'étais tranquillement assis dans une boîte en compagnie du basketteur Tony Parker et de sa *girlfriend* du moment. L'image pouvait laisser croire que j'étais le petit ami de la fille. C'était peut-être flatteur, mais totalement faux. On peut faire dire ce qu'on veut à une photo.

*

*   *

Il ne faut pas se voiler la face : la célébrité ne comporte pas que des inconvénients. Avec les femmes, en particulier. J'en ai fait l'expérience très concrète à Londres, tout comme mes petits camarades de l'équipe de France de natation. Sur nos pages Facebook, nous recevions chaque jour une quantité incroyable de photos très explicites, accompagnées de messages on ne peut plus directs postés par de belles jeunes femmes – mais aussi des moins jeunes et des moins belles. Les plus pudiques se contentaient d'apparaître en nuisette, les plus délurées ne cachaient rien de leur intimité ni de leurs intentions. C'était une véritable farandole de seins, de fesses et de sexes, offerts en direct et sans filtre par des Londoniennes désœuvrées qui rêvaient de profiter de la présence d'athlètes jeunes, musclés et disponibles pour passer un bon moment. Je vois régulièrement mes copéquipiers s'éclipser pour retrouver l'une d'entre elles. La célébrité rend beau, on le sait. Elle rend désirable, attirant et sexy. Elle fait oublier un physique banal, elle transcende la laideur, elle donne une dimension nouvelle au visage le plus commun, comme s'il était soudain touché par la grâce.

Ce nouveau statut fait aussi découvrir des milieux dont on ignorait tout et fréquenter des gens célèbres. Il propulse parfois le sportif dans un univers inconnu, fait de codes et de pratiques totalement étrangers.

On est invité dans des soirées très privées. Je me suis retrouvé dans des hôtels particuliers et dans de superbes appartements parisiens, des duplex ou des triplex qui servaient de cadre à des fêtes pour le moins décalées. J'ai découvert d'autres gens, d'autres mœurs et d'autres lieux. Je ne savais même pas que ce genre de réunion entre gens de bonne compagnie pouvait exister. J'ai vu des choses étranges, des choses drôles ou déprimantes, mais toujours inattendues. J'ai parfois eu l'impression de me trouver sur le plateau de tournage de *Hell*, ce film interprété par Sara Forestier et Nicolas Duvauchelle, qui raconte la dérive de deux jeunes gens plongés dans l'univers de la *jet-set* parisienne. Je n'ai pas vécu cette descente aux enfers, je n'ai pas fait partie de cette *jet-set*, je n'ai pas été l'acteur de ma propre déchéance. Je me suis contenté d'observer, avec un regard à la fois curieux et intrigué, la drôle de vie nocturne de gens connus ou très comme il faut. Des financiers à la mise impeccable, des animateurs de télévision au *look* de gendre idéal, des artistes qui se lâchaient complètement, loin de l'image qu'ils pouvaient donner d'eux.

Lors de ces soirées, rien n'était normal, justement. Tout était possible, rien n'était interdit. On n'était pas obligé de participer, on pouvait se contenter de regarder, ce que j'ai fait. Plus par curiosité amusée que par voyeurisme. J'ai assisté à une *demolition party*, ce défoulement collectif consistant à tout casser dans une pièce à coups de masse, dans un mélange jubilatoire et excitant de transe collective et de jouissance enfantine. J'ai poussé par mégarde la porte de chambres transformées en *love hotels* improvisés, sans que les participants s'en offusquent ni même remarquent ma présence, avant de rebrousser chemin. J'ai vu défiler à quatre pattes une chanteuse célèbre, entièrement nue, un collier de chien autour du cou et tenue en laisse par un maître improvisé, par ailleurs connu pour ses activités télévisuelles. Un personnel de maison aussi discret qu'imperturbable approvisionnait les invités en champagne et en vodka de marque, mais aussi en substances interdites, soigneusement présentées sur des plateaux d'argent du plus bel effet sur lesquels étaient posées quelques pailles indispensables à leur consommation.

J'ai dû participer quatre ou cinq fois à ce genre de petite fiesta. La première fois, je me suis dit : ces gens sont fous. La deuxième fois, j'ai pensé : je ne dois pas m'étonner, je suis à Paris. Tout peut arriver, et surtout n'importe quoi. En tant que nageur, que sportif, on n'est pas du tout préparé à ce genre de situations.

*

* *

Heureusement pour ma santé mentale, je n'ai pas côtoyé que des gens bizarres dans cette nouvelle vie parisienne. J'ai aussi fréquenté des personnes formidables qui ne se croient pas obligées de se livrer à tous les excès pour avoir le sentiment d'exister. Isabelle Brulier est l'une d'elles. Quand je l'ai connue, elle était responsable de la communication de Lancel. Je l'ai rencontrée lors de l'une de ces soirées promotionnelles organisées par les grandes marques. Les entreprises sont friandes de l'image des *people* en général et des sportifs en particulier. Décrocher une médaille olympique constitue le meilleur ticket d'entrée pour bénéficier d'un contrat publicitaire. Les modalités sont variées : certaines sociétés nous offrent leurs produits en échange de notre participation à des soirées de lancement. À charge pour nous d'en faire la promotion dans la vie de tous les jours, en portant un vêtement, en s'affichant avec le dernier téléphone portable à la mode ou en vantant leurs mérites sur les réseaux sociaux. Lors de ces événements, nous n'avons pas grand-chose à faire. Il suffit d'être présent, de discuter avec les autres invités, de décrocher un grand sourire devant les photographes et d'être heureux d'être là – ou de faire semblant, ce qui revient au même. Il arrive qu'une marque nous rémunère en contrepartie de notre participation. Les contrats fluctuent au rythme de nos performances et de notre notoriété. Le *deal* est simple. Tu obtiens de bons résultats, tu es connu, tu deviens populaire. Je te propose un contrat. Tes performances se font plus rares, tu pètes les plombs un peu trop souvent ou tu ne corresponds plus à l'image de la marque ? Le partenariat s'arrête et chacun reprend ses billes.

C'est grâce à Isabelle Brulier que j'ai connu Réjane Lacoste et son mari Michel. Réjane s'occupait de la communication de la marque au crocodile. C'est une femme incroyable : elle connaît tout Paris, du sportif débutant dont personne n'a encore entendu parler à la star consacrée. Elle m'a gâté en me rhabillant de pied en cap avec des tenues Lacoste. Et il n'était pas question que je porte le vêtement d'un concurrent ! Lors d'une soirée dans un restaurant parisien, quand elle a vu que j'étais installé à quelques tables de la sienne, elle m'a envoyé un texto pour me proposer de venir prendre le dessert. Ce soir-là, je portais un vêtement d'une autre marque célèbre, dont le logo représente un joueur de polo. Après le repas, elle m'a proposé de l'accompagner au club Lacoste, où elle m'a demandé de l'ôter pour le lui donner. Et quand elle l'a eu entre les mains, elle n'a fait ni une ni deux : elle a pris une paire de ciseaux et l'a cisaillé allègrement ! Mais je ne suis pas rentré torse nu chez moi : je suis reparti avec plusieurs sacs remplis de polos.

À nous deux, Paris !

Je n'ai jamais mis les pieds dans un bureau aussi spacieux. La vue sur l'Arc de triomphe est impressionnante. Je suis scotché par les énormes enceintes placées à chaque angle de la pièce. D'immenses écrans, sur lesquels défilent en boucle les programmes de différentes chaînes de télé, sont accrochés au mur. Je me trouve dans le bureau d'Arnaud Lagardère, le patron du groupe qui porte son nom, créé par son père Jean-Luc auquel il a succédé au décès de celui-ci, en 2003. Nous sommes en septembre 2009. Officiellement, je suis encore à Mulhouse. Mais plus pour longtemps. À vrai dire, je ne sais pas qui est vraiment Arnaud Lagardère. Je ne connais rien à ses diverses activités dans les domaines de la presse ou de l'édition. J'ignore tout de cette saga familiale. Je ne sais même pas qu'il est le fils de Jean-Luc Lagardère, ce capitaine d'industrie qui avait bâti un groupe puissant, présent dans l'armement, la presse et l'édition, avec des marques comme Matra et Hachette. Je n'ai rien préparé avant de venir, je n'ai pas révisé comme si j'allais passer un examen. Je suis venu tel que je suis d'habitude, décontracté mais motivé.

Très motivé, même. Tout ce que je sais, c'est que je souhaite rejoindre son entité Lagardère Sports, créée trois ans plus tôt pour gérer les droits de sportifs de haut niveau et organiser de grands événements. Le sport est l'une des passions d'Arnaud. En 2006, il a repris la marque historique du Racing Club de France, qu'il a rebaptisé le Lagardère Paris Racing. Ce club prestigieux, créé en 1882, s'est adjugé plusieurs dizaines de médailles olympiques et de championnats du monde. Je n'en peux plus de nager pour Mulhouse, pour toutes les raisons déjà évoquées.

C'est moi qui ai décidé de rejoindre le Racing, ce n'est pas le Racing qui m'a débauché, comme certains tenteront de le faire croire plus tard. La natation ne fonctionne pas sur le modèle du foot. Les transferts d'un club à l'autre restent le plus souvent à l'initiative des nageurs. Nous ne sommes pas entourés d'une nuée d'agents qui ne pensent qu'à leur commission et nous poussent à changer de club le plus souvent possible, en nous faisant miroiter une augmentation à chaque nouveau contrat. Le message que je fais passer auprès d'Arnaud est sans ambiguïté : je veux être sacré champion olympique à Londres en 2012, dans trois ans. Je suis convaincu que je le peux. Je possède toutes les capacités pour rééditer mes performances de Pékin, l'an dernier, à condition de disposer de moyens et d'un encadrement sérieux. Je ne suis même pas allé voir à quoi ressemble la piscine du Racing… Arnaud Lagardère m'offre un contrat de quatre ans, la durée d'une olympiade. La branche marketing du groupe prendra en charge mes intérêts financiers, en exclusivité et en toute transparence. C'est parfait. Ceux qui le connaissent bien m'ont prévenu : il paraît qu'il se lasse vite des gens et des choses. Ça ne me dérange pas. À moi de lui prouver qu'il ne s'est pas trompé en me recrutant. À l'issue de la discussion entre ses dirigeants et les avocats du Racing, je mettrai une année pour être enfin, et définitivement, dégagé de toute obligation à l'égard de mon précédent club. C'est le prix à payer pour ma liberté, mais je n'ai aucun regret. Tout ce qui m'importe, c'est l'avenir. Seule compte l'envie de démarrer une nouvelle vie sportive. Je n'ai qu'une obsession : décrocher une, voire des médailles, aux Jeux de Londres.

La presse spécialisée est sceptique. Les journalistes doutent de moi. De mon potentiel, du bien-fondé de ma décision, de mon avenir dans la natation de haut niveau. À les lire, j'aurais été attiré par les lumières de la ville, fasciné par la réputation de Lagardère et alléché par les conditions financières qui m'ont été proposées. C'est vrai, mes revenus changent de dimension : désormais, en cumulant mes gains au Racing et mes contrats de pub, je gagne deux fois plus qu'avant. Certains croient bon de me mettre en garde contre les tentations parisiennes, la vie facile, les soirées de folie, les sollicitations en tout genre et tous ces gens qui tournent comme des moustiques autour des sportifs de haut niveau.

Mon arrivée au Racing prend des allures de petit événement. Je suis le premier nageur aussi titré à rejoindre le club. À moi de prouver que je ne suis pas une erreur de casting et que je suis à la hauteur de ma réputation dans l'eau.

Lucas, et puis c'est tout !

« Ça va, Maumau ? »

C'est comme ça que Philippe Lucas me surnomme. La première fois que je l'ai vu, je me suis dit : ce type est *cool*. Très différent de l'image qu'il renvoie de lui, très loin de cette caricature de gueulard péremptoire que véhicule sa marionnette des « Guignols de l'info », qui répète sans cesse : « Et puis c'est tout. » D'ailleurs en quatre années de collaboration quotidienne, de 2009 à 2013, je ne l'ai jamais entendu dire cette expression une seule fois. C'est le patron de la société Direct Énergie, pour laquelle il tournait des spots publicitaires, qui lui a suggéré de prononcer cette phrase. Lucas n'était pas d'accord au début, mais si le *big boss* tenait absolument à l'entendre dire ces quatre mots…

Au moment où je le rencontre, j'ai le moral à zéro. Nous sommes en 2010, je n'en peux plus de Frédéric Vergnoux, mon coach au Racing, qui ressemble plus à un gendarme en pleine crise d'autorité qu'à l'idée que je me fais d'un bon entraîneur. Philippe me demande comment ça va, je lui réponds que j'ai connu mieux et que je ne traverse pas la meilleure période de ma vie de sportif.

Trois jours après, il m'appelle pour me proposer un dîner. Au cours du repas, il me dit qu'il a envie de m'entraîner et m'invite à le rejoindre en stage à Saint-Tropez, au mois de mai. Pourquoi pas ? Il est devenu entraîneur « free lance ». Il n'est pas non plus rattaché à un club. Il a rompu les amarres avec Melun et Le Cannet, il loue des lignes dans des piscines pour entraîner les nageurs de son choix. Lucas n'a plus besoin de faire ses preuves. Il a transformé Laure en une machine à remporter des titres. Il est auréolé de la réputation de meilleur entraîneur de la place. Il est même devenu une vedette populaire avec son *look* sorti de nulle part, ses chemises à fleurs, ses colliers, sa tignasse blonde en pagaille. Des deux, c'est moi qui ai le plus à gagner dans cette association.

*
* *

Quelques semaines plus tard, me voilà qui débarque à Saint-Trop'. Entre-temps, je suis allé voir Arnaud Lagardère pour lui expliquer que je ne voulais plus travailler avec Vergnoux. Je me suis mis à chialer comme un gamin dans son bureau, j'avais un peu honte, mais il a compris que j'étais à bout de nerfs et s'est engagé à trouver une solution. Il viendra même nous retrouver à Saint-Tropez à bord de son jet privé, accompagné de ses gardes du corps, ce que j'interpréterai comme une belle marque de confiance de sa part. Il adore le sport, je sais qu'il m'aime bien, il a beaucoup misé sur moi et il est prêt à m'accorder toutes les chances de réussite. À moi de ne pas le décevoir. Mais, pour obtenir les résultats qu'il attend, j'ai besoin de travailler avec un entraîneur de confiance. Quelqu'un qui tirera le meilleur de moi-même tout en me laissant la liberté dont j'ai besoin pour m'exprimer pleinement.

Lucas va me faire grandir et je vais progresser en travaillant avec lui. Je suis prêt à donner tout ce que je peux pour devenir encore meilleur. J'ai passé les mois de mai et juin avec lui, à Saint-Tropez. À 11 heures du matin, nous étions tous les deux accoudés au bar en train de siroter des verres de rosé, mon péché mignon. Ensuite, baignade à la plage de la Voile rouge l'après-midi et grosse fête le soir. La belle vie, même si je savais bien qu'elle ne durerait qu'un temps. En juin, je participe à ma première compétition avec Philippe, l'Open de France EDF. Il ne m'a pas mis la pression. Il m'a dit de « faire le job », tranquillement. Pour la suite, on verrait le moment venu. Dans la foulée, je pars en vacances pour deux mois. Nous nous reverrons avant les championnats d'Europe, en octobre. En attendant, il m'a conseillé de profiter. C'est sûrement la dernière chose à me dire : pour profiter, j'ai profité…

À tel point que je suis rentré de vacances avec trois semaines de retard et quelques kilos superflus, ce qui m'a valu de nombreuses remarques acerbes. J'ai encaissé. Bien obligé, Philippe aime chambrer. Il aime pousser des coups de gueule, aussi. Titiller ses nageurs, les provoquer, les obliger à aller chercher tout au fond d'eux-mêmes les ressources physiques et mentales qu'ils ne soupçonnaient pas. Il n'est pas le genre à prendre des gants, à mâcher ses mots ou à s'entourer de précautions oratoires. Avec lui, c'est brut de décoffrage. Ça passe ou ça casse. Parfois, ça casse, quand il va trop loin dans les reproches injustifiés, les insultes et les remarques humiliantes. Mais, le plus souvent, ça passe.

Il faut juste savoir mettre sa fierté dans sa poche. Les résultats sont au bout, j'en suis convaincu. « Allez, bouge ton cul ! » C'est ce que je fais, Philippe, ça ne se voit pas ? « Même ma mère nage mieux que toi ! » Je sais, Philippe, tu me l'as déjà dit. « Bon, ça suffit, maintenant tu dégages et tu rentres chez toi. » Ouais, cette fois, je vais faire comme tu dis, je vais prendre mes affaires et rentrer chez moi. Marre de bosser avec un type comme toi, marre d'avoir des crampes tous les soirs à cause de tes entraînements de malade. Certains jours, je craque et je l'envoie balader. Je suis à deux doigts de lui coller une droite.

« Cette fois, je me barre pour de bon !

– C'est bon, barre-toi, tu me prends la tête ! »

Je sors du bassin sans lui adresser un regard. Il devient fou et hurle encore plus fort. Ses cris résonnent dans toute la piscine. Les autres continuent à nager sans s'inquiéter. Ils sont habitués à nos prises de tête.

« Eh, tu vas où comme ça ? Tu reviens tout de suite, tu te crois chez mémé ? »

Comme il n'est pas du genre à se laisser marcher sur les pieds, la situation pourrait vite dégénérer. Au lendemain de l'Open EDF, il a failli se bagarrer avec Vergnoux, qui ne supportait pas que je le quitte. Une autre fois, les maîtres-nageurs ont dû nous séparer, j'étais sur le point de me battre avec lui. Et si une caméra traîne dans les parages, c'est encore pire. Les insultes redoublent, il nous traite de « baltringues », de « minables » et de je ne sais quoi encore. Mais, avec lui, il faut en prendre et en laisser. Il faut garder l'entraîneur génial, le pédagogue surdoué, le meneur d'hommes qui sait comme personne tirer le meilleur d'un nageur. Il faut laisser de côté le hâbleur aux jugements définitifs, le type que l'on imagine mieux au comptoir d'un bar en train de commenter les courses de chevaux, avec la clope au bec et le verre à la main, plutôt qu'au bord d'une piscine.

*

*　*

Avec Lionel, j'avais déjà repoussé mes limites. Avec Lucas, je suis allé encore plus loin. Lionel calculait tout, il ne laissait rien au hasard, il notait le moindre détail dans ses petits carnets. Philippe Lucas, lui, n'a pas de petits carnets. Il donne l'impression de ne pas avoir de méthode, d'improviser en permanence, mais ce n'est qu'une illusion. Aux championnats de France 2012, après deux ans de travail acharné sous sa direction, je savais avant même le début de la compétition que j'allais défoncer tout le monde. Philippe aussi le savait, même si personne ne m'attendait. Il m'a remis à flot alors que j'étais au creux de la vague en 2009, quand nous nous sommes rencontrés. C'est vrai, ses entraînements sont difficiles à supporter et il n'est pas facile à vivre. Mais il sait appuyer là où ça fait mal pour nous emmener plus loin.

À l'inverse de l'image qu'il peut donner de lui, Philippe Lucas est à l'écoute de ceux qu'il entraîne. Il connaît mieux que personne nos doutes, nos états d'âme, nos limites et nos humeurs. Il sait jusqu'où il peut aller, il sait ce qu'il peut obtenir de nous et ce qu'il doit faire pour nous amener à donner le meilleur. Même s'il lui arrive, comme tout le monde, de se tromper. Si Laure Manaudou l'a quitté, en 2007, c'est sans doute parce qu'il lui a mis trop de pression. Je comprends qu'elle ait eu envie de s'éloigner. Au retour des championnats du monde, il aurait dû la laisser prendre une semaine de vacances, peut-être deux. Je suis certain qu'elle serait revenue plus forte que jamais et qu'elle aurait tout explosé aux Jeux de Pékin.

En dehors de l'entraînement, il ne nous mettait aucune pression. Il m'est arrivé de venir le matin à l'entraînement dans un état lamentable en essayant de donner le change. Il n'était pas dupe, évidemment. Plus d'une fois, j'ai fait la fête toute la nuit avec des nageurs de Lagardère au

Chalet des Îles, le restau situé dans le bois de Vincennes. Nous restions jusqu'à la fermeture, à six heures et demie, alors que l'entraînement commençait une heure plus tard. Nous n'avions pas le temps de rentrer chez nous. Nous allions directement au club. Pour éviter de faire le tour du lac, nous le traversions à pied après avoir retiré notre pantalon et nos chaussures. Il n'est pas profond du tout et, grâce à mes deux mètres et quelques, je n'avais de l'eau que jusque la taille… Il n'était pas rare que nous nous autorisions à sortir en semaine, le mercredi, le jeudi et le vendredi, alors qu'il y avait entraînement le lendemain. Pendant l'Open EDF, nous profitions de la proximité du festival Solidays pour aller voir quelques concerts et rentrer à 3 heures du matin. Philippe s'en fichait. Il avait autre chose à faire que de pister ses nageurs pendant toute la nuit. Nous sommes de grands garçons, à nous de prendre nos responsabilités. Et tant pis pour nous si nous ne sommes pas capables d'assumer notre mode de fonctionnement. Tout ce qui lui importait, c'était notre performance dans les bassins. Même s'il n'était pas toujours facile d'attaquer une séance en forme après une nuit blanche... Je serrais les dents et je vomissais après quelques longueurs, en attendant la fin de la matinée. De manière générale, avec Philippe, il était rare qu'un entraînement se termine sans que j'aie vomi en raison de l'effort fourni.

Relax

Je n'ai jamais appris à nager.

Bien sûr, j'ai pris des cours de natation. J'ai bénéficié des conseils et des leçons de mes différents entraîneurs, de Vincent Léchine à Bryan Grandjean et Éric Rebourg, et de Lionel Horter à Philippe Lucas. J'ai beaucoup écouté, j'ai observé, j'ai reproduit des gestes que d'autres ont accomplis avant moi. La génération spontanée, en natation comme dans les autres sports, ça n'existe pas. Il faut travailler, travailler encore et encore, sans relâche et sans états d'âme, sans jamais se décourager, sans même être certain que ce travail portera ses fruits.

Mais le goût de la natation, le plaisir de l'eau et cette espèce d'aisance naturelle que j'ai toujours eus en moi, personne ne me les a transmis. Sauf ma mère, peut-être, sans s'en rendre compte. Quand j'étais petit, elle me prenait sur son dos en nageant la brasse et me faisait traverser le bassin avec elle. Un jour, je me suis lâché, elle m'a laissé partir en me couvant du regard et je me suis mis à nager, tout seul, avec le plus grand naturel. Gamin, on me comparait à un dauphin. L'eau était mon élément, une source de plaisir et de bien-être, comme une seconde peau dans laquelle je me glissais sans la moindre appréhension et avec un immense bonheur.

Plus tard, quand la natation est devenue mon métier, je n'ai pas changé pour autant. J'ai toujours conservé cette espèce de décontraction qui peut être confondue avec de l'indifférence ou du je-m'en-foutisme, mais qui me permet de me protéger de la pression extérieure et de garder la tête froide. C'est mon côté Fabien Barthez, le gardien de but des Bleus vainqueurs de la Coupe du monde en 1998. Avant un match, et même pendant *La Marseillaise*, il donnait une impression de dilettantisme. Mais, dès que le coup d'envoi était sifflé, personne ne pouvait prendre en défaut sa concentration.

Mes anciens partenaires de l'équipe de France n'ont pas le même tempérament. Frédérick Bousquet étudie le moindre détail avant une course. Il suffit d'une petite contrariété pour tout dérégler et saboter cette belle machine de compétition. Dans le genre, Alain Bernard n'est pas mal non plus. En 2007, en Australie, pendant la préparation des championnats du monde de Melbourne, nous étions logés dans la même chambre. Au début du séjour, il m'a montré sur son ordinateur portable une vidéo de mes courses. Il avait analysé mes forces et mes faiblesses. Il m'a décrit avec une précision étonnante ma technique de natation, en m'expliquant que je partais toujours lentement avant de revenir très fort, ce qui était selon lui très risqué. Lui, au contraire, préférait tout donner dès le départ afin de prendre le plus d'avance possible, au risque de terminer épuisé. Pour être précis, je partais très fort et je sortais le plus vite possible de l'eau. Je prenais un mètre ou un mètre cinquante d'avance. Ensuite, je ralentissais. Je m'installais dans mon confort, à mon rythme. Mes adversaires revenaient petit à petit et finissaient toujours par me rattraper. Je me mettais à soixante-quinze pour cent de mes capacités parce que je craignais de ne pas finir la course. Et puis, dans les derniers cinquante mètres, j'accélérais comme une brute.

Contrairement à ce que pensait Alain Bernard, ce n'était pas à proprement parler une tactique. Il n'y avait rien de volontaire de ma part. Lionel Horter et Philippe Lucas ont pourtant essayé de me faire changer. Ils m'ont toujours demandé de conserver l'avance acquise lors du départ, mais je n'ai jamais réussi. Avec les années, cela devenait de plus en plus difficile.

À partir de 2010, j'ai senti que j'avais du mal à revenir sur mes adversaires et que je ne pourrais pas continuer longtemps.

Dans la vidéo d'une de mes compétitions, en 2012, on me voit en train de marcher au bord du bassin avant le signal de départ. Je donne vraiment l'impression d'être le mec qui se demande ce qu'il fout là ! Si j'étais entraîneur et si je voyais ce type, je ne sais pas si je l'engagerais dans mon équipe…

Mais la décontraction ne suffit pas toujours à protéger de la pression. Pas la bonne pression, celle qui nous fait avancer, nous motive et nous permet de puiser en nous les ressources, parfois insoupçonnées, qui conduisent à la victoire. Non, la mauvaise pression, celle qui vous tétanise, celle qui vous bloque et risque de vous laisser à terre, impuissant et sans ressort, incapable d'avancer et de mobiliser vos capacités, comme si vous aviez soudain tout perdu de vos facultés de nageur.

Cette pression, je l'ai connue à Rijeka, à la veille du cent mètres nage libre. Ce fut la course la plus difficile de ma carrière, avec le cinquante mètres disputé la même année aux Jeux de Pékin. Trois heures avant le départ, j'étais au fond du trou. La veille, j'avais réalisé une performance exceptionnelle, avec deux records d'Europe et du monde battus dans la même journée. J'étais bien, je n'avais aucune raison de me poser des questions pour la course du lendemain. Le soir, j'avais reçu une véritable avalanche de textos de félicitations et d'encouragements. On me disait qu'il fallait que je gagne à tout prix. On m'assurait que la France entière s'apprêtait à suivre ma course et que tous les journaux télévisés parlaient de moi. À les lire, je devais battre le record du monde, il fallait absolument que je descende en dessous de la barre des 45 secondes. Facile à dire…

C'est l'inconvénient des réseaux sociaux : tout le monde est au courant de tout. Avant, un sportif pouvait préparer sa compétition en toute sérénité, à l'abri du regard du public. Les gens n'étaient informés de ses performances qu'avec un décalage temporel qui lui permettait de se concentrer sur son objectif sans être « pollué » par l'extérieur. Aujourd'hui, c'est fini. Avec les portables et Internet, le monde entier peut suivre une compétition en temps réel. La pression publique et médiatique est énorme. Impossible d'y échapper.

Mais, le lendemain, cet état de grâce avait disparu. Je n'avais pas d'épreuve prévue le matin, ce qui m'a laissé tout le temps de gamberger et de me poser des questions. J'ai dû m'entraîner dans un bassin différent, ce qui a contribué à briser la fameuse routine si rassurante pour un sportif. La pression, cette mauvaise pression si destructrice, commençait à s'installer. J'étais en train de me démolir tout seul et de ruiner mes chances de médaille à cause de mes états d'âme.

Au cours du repas, j'en ai parlé à Lionel Horter. J'avais le sentiment d'être devenu un autre. Plus le temps passait, plus j'étais mal, physiquement très mal. J'avais des douleurs d'estomac, des sortes de crampes qui me tenaillaient et me rongeaient de l'intérieur. Je ne savais plus où j'en étais. Je ne m'étais jamais trouvé dans un tel état de fragilité psychologique. C'était d'autant plus incompréhensible que mes victoires de la veille auraient dû me blinder contre le doute et la peur de l'échec. Lionel m'a donné un truc pour trouver le sommeil : il m'a suggéré de penser à des scènes de sexe. Efficacité garantie, selon lui. J'ai suivi son conseil : je me suis endormi tout de suite…

*

* *

Et puis, par je ne sais quel miracle, tout s'est débloqué au bon moment. Après la sieste, j'étais absolument persuadé que j'allais exploser tous mes adversaires. Quelques heures plus tôt, je n'étais que l'ombre de l'Amaury Leveaux de la veille. Là, sans raison particulière, j'avais retrouvé toute ma volonté, toute ma hargne et mon envie de gagner. J'ai posté un message sur Facebook. Je crois que les mots que j'avais choisis étaient sans ambiguïté : « Ce soir, Poséidon a rendez-vous avec le cent mètres nage libre. Ce serait fantastique de faire 44 secondes et 8 dixièmes ! » J'y croyais de nouveau, et personne ne pourrait me faire douter de moi.

En entrant dans la chambre d'appel, je savais que la victoire ne pouvait pas m'échapper. J'imaginais mon parcours, je vivais par avance le déroulement de la course, comme si je l'avais déjà disputée et comme si chacun des gestes qui devaient me conduire à la victoire était ancré au plus profond de moi. Il me suffisait de les visualiser et tout se passerait bien. Et le plus fou, c'est que ma course a été conforme, mètre après mètre, à celle que je venais d'imaginer, comme si mon corps avait été programmé pour la reproduire sans la moindre hésitation. Je n'ai ressenti aucune douleur, je n'ai jamais hésité, je n'ai pas douté une seule seconde. J'ai touché le mur d'arrivée au bout de 44 secondes et 94 centièmes. J'ai explosé le record du monde : pour la première fois, un nageur a bouclé le cent mètres en moins de 45 secondes ! À l'heure où j'écris ces lignes, ce record n'a toujours pas été battu. Il le sera un jour, mais je ne suis pas pressé de le voir arriver. Je ressentirai une petite pointe de jalousie à l'égard de celui qui fera mieux que moi…

Sirènes

Après les Jeux de Londres, les joueurs de l'équipe de France de handball avaient voulu m'entraîner dans une boîte de strip-tease à Paris, du côté de l'Étoile. Je m'étais éclipsé juste avant d'entrer. Ça ne me disait rien. Je n'aime pas que l'on manque de respect à une femme. Je ne supporte pas les situations qui portent atteinte à leur dignité. Je déteste les boîtes de strip-tease, où des filles dansent à moitié nues et à quelques centimètres de types qui les dévorent du regard, avec les yeux qui sortent de leurs orbites, à la manière du loup dans les dessins animés de Tex Avery. Je sais qu'il est possible de réserver un salon privé et de s'offrir une séance de danse particulière. Je sais aussi, par des copains qui ont vécu l'expérience, que certaines filles acceptent de coucher pour quelques milliers d'euros. Il y en a qui fantasment sur ce genre de plan. Pas moi, même si les filles sont en général d'une beauté à tomber. À chacun son truc.

Dans les relations avec les femmes, la célébrité facilite grandement les choses. Au lendemain des Jeux de Pékin, quand ma notoriété a soudain fait un bond, j'ai bien senti, dans le regard de celles que je rencontrais, qu'elles ne me considéraient pas de la même manière qu'avant. De retour à Paris, quand je sortais en boîte, dans les restaurants ou dans les bars, j'aurais pu rentrer accompagné tous les soirs si je l'avais voulu. Pourtant, je n'avais pas changé. Je n'étais pas plus beau, plus grand, plus fort ou plus musclé qu'avant. Mais c'est le regard des autres sur moi qui n'était plus le même.

On a beau être conscient de cette situation, on a beau savoir que ce regain d'intérêt est dû aussi à des considérations extérieures – le succès, la notoriété, l'argent qui l'accompagne, l'exposition médiatique –, c'est toujours satisfaisant et gratifiant. Moi qui ai longtemps souffert d'une certaine timidité pendant mon adolescence, j'ai éprouvé un profond plaisir à susciter le désir chez les femmes que je croisais.

*

*   *

Cette timidité a duré jusqu'à mes premières années d'adulte, quand j'avais vingt ans. Ensuite, elle s'est estompée grâce à la natation. Ce sport n'est pas pudique, il nous oblige à exposer notre corps et à ne pas dissimuler grand-chose de notre anatomie. Nous passons le plus clair de notre temps avec un petit bout de tissu de rien du tout en guise de vêtement. On sait tout de suite comment les autres sont bâtis. Et tout le monde se regarde, s'observe, se jauge. Les relations entre les sexes ne sont pas les mêmes que dans la vie de tous les jours, en particulier l'été, lors des stages. C'est plus ouvert, on s'éclate plus facilement, et les couples éphémères se forment naturellement. Chacun sait à quoi s'attendre : le corps de l'autre n'a – presque – plus de secret. Les choses sont toujours plus simples si l'on est jeune, musclé et bronzé. Quand nous étions à la Voile rouge, le club privé qui se trouve sur la plage de Pampelonne, à Ramatuelle, les nageuses ne se gênaient pas pour rentrer à l'hôtel avec les mecs qui leur plaisaient. Et elles avaient bien raison de profiter de leur jeunesse.

Ce sport contribue à nous mettre à l'aise sur le plan physique. Prendre du muscle, gagner en épaisseur et en largeur d'épaules nous permet de dépasser une éventuelle inhibition, en particulier au moment de l'adolescence. Mais certains d'entre nous accordent une importance trop grande à leur musculature. Les abdos et les « pecs », OK, c'est très beau à regarder. Mais il ne faut pas se tromper d'objectif : le but d'un nageur n'est pas de devenir le plus musclé de la place. La natation, ce n'est pas du body-building. Sur le plan physique, Florent Manaudou est un monstre. Alain Bernard, lui, est plutôt marrant à regarder, avec sa petite tête et son gros corps. Il a tout de suite compris qu'il ne possédait pas la capacité naturelle de certains d'entre nous. Il a développé ses capacités personnelles, fondées sur une musculature exceptionnelle qui lui permettait de tirer très fort dans l'eau après un départ puissant.

Je n'ai jamais accordé d'importance au tour de mes pectoraux. Si j'avais gagné un euro à chaque fois que quelqu'un m'a dit : « Et tes abdos, ils sont où, on les voit pas ? », je serais déjà multi-millionnaire ! Quand un autre nageur me faisait ce genre de réflexion, je lui répondais : « Ouais, t'as raison, mais en attendant je fais un meilleur temps que toi ! », et la discussion n'allait pas plus loin.

Le rapport à mon corps ne m'a jamais empêché de dormir. Sur ce point, je suis plutôt philosophe : je considère que chacun est comme il est, point à la ligne. Moi, à certains moments, j'étais plutôt de la famille « gros nageurs », à cause d'une alimentation un peu trop relâchée.

*

* *

C'est l'un des avantages de la vie de nageur professionnel : on voyage beaucoup. On n'a guère l'occasion de sortir des piscines et des villages olympiques pour découvrir les villes et la culture locale, mais, en guise de consolation, les compétitions nous offrent l'occasion de rencontres avec des femmes. Parfois, on abuse de cette notoriété. Il est arrivé qu'elle nous monte à la tête et que l'on s'autorise de petits délires, comme des péchés de jeunesse qui ne prêtent pas à conséquence.

Laure M.

Parmi les nageuses, il en est une qui a beaucoup compté pour moi.

Tout le monde la connaît. C'est la nageuse la plus douée de sa génération, et même la plus douée de toute l'histoire de notre sport. Elle s'appelle Laure Manaudou. Il s'est passé quelque chose entre Laure et moi. Quelque chose d'étrange et d'impalpable, puisque nous n'avons jamais consommé notre relation. Mais quelque chose de fort et d'inoubliable.

Laure occupe une place à part dans mon souvenir et, je peux l'écrire sans honte ni pudeur déplacée, une place à part dans mon cœur. Les nageurs de l'équipe de France n'ont pas seulement été ses partenaires dans les bassins. Plusieurs d'entre eux l'ont aussi été dans sa vie sentimentale. Laure a un cœur d'artichaut, elle le dit elle-même dans son livre et je trouve ça très touchant.

Je n'ai jamais été l'un de ses amoureux. Dès notre rencontre, en 2003, lors des championnats de France à Chalon, une relation particulière est née entre nous. Les regards complices que nous échangions, les petits gestes de tendresse que nous laissions échapper sans que les autres puissent les interpréter, les centaines de textos et les conversations sur Skype qui nous reliaient l'un à l'autre alors que nous étions séparés par des centaines de kilomètres... Je n'oublierai jamais ses performances aux Jeux d'Athènes, en 2004, ni la ferveur avec laquelle je suivais ses courses.

Le dernier soir, je l'ai croisée dans les allées du village olympique. Elle était en compagnie de Philippe Lucas. De mon côté, je sortais faire la fête, notre dernière fête, avec mes coéquipiers de l'équipe de France. Nous avons échangé quelques banalités, en faisant attention à ne rien dévoiler de la relation étrange qui nous unissait. Au regard de Laure, j'ai compris qu'elle souhaitait rester avec moi afin que nous passions la soirée ensemble. L'espace de quelques secondes, j'ai hésité, mais j'ai préféré privilégier l'amitié et la vie de groupe. Les Jeux touchaient à leur fin, j'avais vécu une belle aventure avec mes potes de l'équipe, ils n'auraient pas compris que je les laisse tomber. Et au lieu de rester avec Laure, je me suis retrouvé au Galea, une boîte à la mode d'Athènes.

*

* *

Nous avons fait la fête, dansé et descendu pas mal de bouteilles, encouragés par de jeunes Athéniennes. Elles étaient toutes plus jolies les unes que les autres. Elles se pressaient autour de notre table, attirées par notre notoriété d'olympiens. Elles nous auraient presque donné envie de ne pas rentrer à Paris et de laisser tomber la natation pour nous installer avec elles dans la capitale grecque. Sur un transat de la terrasse, j'ai vécu une relation intime très brève mais intense avec l'une d'entre elles, avant de revenir tout fier auprès des autres et de leur raconter mon aventure en les incitant à faire la même chose. Ils n'avaient pas besoin de mes encouragements pour profiter, à leur tour, des charmes de la vie nocturne d'Athènes. Ils ont défilé après moi sur la terrasse, seuls ou à plusieurs. Au lever du jour, nous avons tenté de trouver un taxi qui accepte de nous prendre tous ensemble. J'étais étonné par une telle débauche d'énergie, après une semaine de compétition et une nuit d'excès en tout genre. L'enthousiasme de la jeunesse et l'excitation des Jeux ne font pas tout, et je me suis demandé s'ils n'avaient pas abusé de certaines substances prohibées. La fête n'était pas finie : à 7 heures, le chauffeur de taxi nous a déposés devant une boîte de strip-tease. Nous étions les seuls clients, mais nous avons été tout de suite rejoints par de jeunes femmes, des employées du club sorties de nulle part et qui se sont mises à danser avec sensualité devant nous. Les verres de vodka ont commencé à défiler au même rythme que les pas langoureux esquissés par nos hôtesses. Athènes ne serait bientôt plus qu'un souvenir et nous avions envie d'en profiter une dernière fois avant de rentrer en France. Certains se sont laissé tenter par la découverte du *backroom* du club, une petite pièce toute noire propice à tous les débordements. L'endroit était plutôt sordide, mais la vodka et la fatigue nous faisaient flotter dans un état second, idéal pour nous laisser aller à la magie de l'instant et pour tout oublier dans la foulée. Au petit matin, nous avons enfin rejoint l'hôtel, épuisés et imbibés d'alcool, la tête pleine de nos drôles d'aventures nocturnes.

*
* *

Cette fois, les Jeux étaient terminés pour de bon. J'éprouvais le sentiment d'avoir vécu pleinement la compétition, et pas seulement d'un point de vue sportif. J'ai préféré profiter de la vie, caler mon rythme sur celui des « anciens », multiplier comme eux les aventures d'un soir et enchaîner les bouteilles de vodka comme j'ai enchaîné les longueurs dans les bassins. Après tout, même si l'on est champion olympique, on n'est pas sérieux quand on a dix-huit ans.

Avec Laure, nous avons continué à nous retrouver, au gré du calendrier. Nous n'avons jamais cessé de rester en contact, sans pour autant dépasser cette relation platonique. Quand il m'arrivait de la croiser avec son petit copain du moment, je ressentais une jalousie terrible. J'acceptais mal de la voir dans les bras d'un autre.

J'ai même failli en venir aux mains avec Benjamin Stasiulis, lors d'un stage aux Seychelles. Ils étaient ensemble depuis quelque temps et je vivais très mal leur relation. Benjamin était mon meilleur ami au sein de l'équipe de France. J'ai toujours eu confiance en lui et je ne lui ai jamais rien caché de mes sentiments pour Laure, je l'ai toujours informé de nos échanges passionnés, même s'ils sont restés virtuels, et voilà qu'il me dérobe mon amour secret. Je me suis senti trahi. Un soir, je suis entré dans sa chambre en lui demandant de baisser le son de sa musique, mais c'est le volume sonore de notre échange qui est monté soudain, aussi vite que la tension dans la pièce.

Quelques semaines plus tard, quand leur relation n'était plus qu'un souvenir, j'ai renoué avec Benjamin. Mais nos rapports n'ont jamais retrouvé l'intensité qu'ils avaient pu avoir par le passé. À cause de ma jalousie, mais aussi de ce que j'avais ressenti comme une trahison de sa part, j'ai perdu un ami dans cette histoire. Il était peut-être temps de mettre un terme à cette relation singulière avec Laure.

*

* *

Laure a terminé la compétition avant moi. Le samedi soir, elle me demande de l'accompagner en boîte. Il n'en est pas question : je dois disputer une course de relais importante le lendemain, je préfère rester dans ma chambre et me coucher tôt pour préserver mes forces. Évidemment, Laure n'accepte pas ma décision. Elle ne comprend pas que je lui refuse ce qu'elle demande. Puisqu'elle gagne toutes ses courses, puisqu'elle rafle tous les titres, elle trouve normal qu'il en aille de même dans sa vie de tous les jours. À ses yeux, un refus s'apparente à une défaite personnelle. Elle insiste. Plus elle insiste, plus je me braque. Elle n'obtiendra rien avec cette méthode, elle le sait, mais elle s'obstine. Si j'acceptais, je ne ferais pas que me mettre en danger pour la course du lendemain. J'aurais aussi l'impression désagréable d'être son jouet, et je suis trop fier pour l'accepter. Pourtant, je meurs d'envie de la retrouver. Je suis amoureux d'elle, mais je sens bien que cette histoire ne mène nulle part. Je le lui explique, tranquillement. Je lui demande de ne plus m'appeler. Désormais, nos chemins se séparent.

Peut-être restera-t-elle un éternel amour de jeunesse, un beau souvenir mêlé d'un goût d'inachevé, comme une parenthèse qui aurait pu ne jamais se refermer si j'avais accepté de la rejoindre, ce soir-là.

Mais je n'ai aucun regret. Même pas celui d'avoir complètement loupé ma course à Melbourne, le lendemain.

Garde-chiourme

En avril 2010, je dispute les championnats de France. Organisés chaque année entre février et avril, ils donnent le droit de participer aux championnats d'Europe ou du monde – qui ont lieu en alternance une année sur deux – et, une fois tous les quatre ans, aux Jeux olympiques. Les deux premiers de chaque épreuve sont qualifiés en équipe de France et décrochent leur ticket pour ces compétitions internationales. Tout le petit monde de la natation française nous attend. Je devrais plutôt dire : tout le monde nous attend au tournant. Les observateurs sont impatients de découvrir le nouveau Racing, avec Leveaux en tête d'affiche. Même la télé s'est déplacée. Une équipe de France 2 est venue nous filmer. Pour nous, ces championnats seront un bide monumental, un plantage sur toute la ligne, un échec absolu. Et incompréhensible : nous avions tous les atouts dans notre jeu. Une ambition affichée, des moyens financiers, des nageurs de qualité comme Pierre

Roger ou Benjamin Stasiulis. Un coach réputé, recruté l'année précédente et élu deux années de suite meilleur entraîneur de Grande-Bretagne.

Justement, parlons-en, de l'entraîneur. Il s'appelle Frédéric Vergnoux. Au début, lors de mon arrivée à Paris, tout se passait bien entre nous. Ça n'a pas duré longtemps. Au bout de quelques semaines, nos relations se sont dégradées. Il confondait rigueur et obsession, exigence et maniaquerie, entraînement et flicage. Il était sans cesse derrière nous. Ce n'était plus un coach, c'était un vrai garde-chiourme, à surveiller tous nos faits et gestes. Nos sorties, notre alimentation, rien ne devait lui échapper. Le samedi, alors que j'étais attablé au Murat, une brasserie proche de la porte d'Auteuil, je le voyais qui tournait dans le quartier à bord de sa voiture. Il voulait savoir à quelle heure je rentrais chez moi. On se serait cru dans un mauvais film d'espionnage. En déplacement, il était obsédé par la quantité de beurre sur nos tartines. Il nous demandait de ne pas mettre trop de sauce dans notre salade, de ne pas boire trop de jus d'orange, de limiter notre consommation de café. Je n'ai jamais vu quelqu'un d'aussi rigide. À l'entraînement, c'était pire : il nous imposait des temps de folie. Il nous fixait comme objectif 4 minutes et 15 secondes au quarante mètres, ce qui est énorme. Aucun nageur français n'avait jamais réalisé une performance pareille. Quelques mois plus tard, je serai le premier à atteindre ce chrono, mais je ne pense pas que ce résultat fût le fruit du travail avec Frédéric Vergnoux.

Avec Lionel Horter, j'avais appris le sens du mot « rigueur ». Là, ce n'était plus de la rigueur, c'était de l'abattage. C'était trop, trop fort, trop vite. Il aurait fallu baisser le rythme de l'entraînement quatre ou cinq semaines avant le début de la compétition. Au lieu de ça, Vergnoux a attendu les derniers jours pour nous laisser souffler un peu. Le résultat ne nous a pas étonnés : nous sommes arrivés crevés, privés de jus, sans ressources ni énergie, prêts à nous écrouler. Et nous nous sommes écroulés, sans vraiment comprendre ce qui nous arrivait. Quelques jours plus tard, en discutant avec Christine « Kiki » Caron, vice-championne olympique aux Jeux de Mexico en 1968 et présidente de la section natation du Racing, je ne pourrai pas faire autrement que d'évoquer ces championnats en rigolant. Mais il s'agissait d'un rire nerveux, plein de rage rentrée, de frustration et d'amertume. Sur le papier, nous étions programmés pour gagner, pas pour échouer. Je sais que le sport de haut niveau peut être ingrat, qu'il y a parfois loin de l'entraînement à la réalité de la compétition, mais j'éprouve encore un sentiment de gâchis en repensant à ce fiasco.

Tous au McDo !

Une alimentation saine est essentielle quand on pratique le sport de haut niveau, mais les nageurs ne sont pas toujours un exemple dans ce domaine. Moi le premier… Je n'ai jamais pu me résoudre à me priver des bonnes choses de la vie, et la nourriture en fait partie. La boisson aussi, mais c'est un autre sujet. Certains entraîneurs ont cru devenir fous quand ils ont découvert mon hygiène de vie. Ou, plutôt, mon absence d'hygiène de vie. Si j'avais suivi un régime idéal, je me serais astreint à ne manger que des féculents, des légumes et des viandes blanches. Bonjour tristesse ! J'avais tendance à ne pas m'en contenter. J'ai longtemps été un client fidèle des chaînes de restauration rapide. La *junk food* et moi, c'est une vieille histoire d'amour.

La plupart de mes petits camarades suivaient un régime draconien, certains consultaient même un diététicien. J'avoue que l'idée ne m'a jamais traversé l'esprit. Mon régime favori – le mot « régime » est bien sûr à prendre au second degré – se composait de chips, de bière, de hamburgers et de cette boisson à bulles qui est sponsor des Jeux olympiques, en dépit de ses conséquences sur le poids d'un athlète. Philippe Lucas s'étranglait de rage en me voyant manger du pain entre les repas. Le pain, c'est redoutable. Pour faire exploser son poids, il n'y a rien de tel. Je n'oublie pas le vin, et en particulier le rosé, mon péché mignon.

Je ne faisais attention que pendant l'année qui précédait les Jeux. Là, un an avant les épreuves, je ne commettais quasiment aucun écart. Ma motivation était si forte que j'étais capable de me priver de tout ce que j'aime. Mais lors des Jeux, une fois les épreuves terminées, je me lâchais, et je ne suis pas le seul sportif à avoir ce rapport à la nourriture. En 2004, à Athènes, je me suis retrouvé un jour à la même table que les nageurs australiens et américains. Ils m'ont initié à un petit jeu que je ne connaissais pas : le *Challenge Day*. En français, le Jour du défi. Sacré défi : le principe consistait à avaler chacun cent nuggets, ces morceaux de poulet pané…

Une folie, quand on y pense. Mais une folie si tentante que j'ai eu envie de participer. À notre décharge, il faut préciser que McDonald's était l'un des sponsors de l'épreuve et avait installé un restaurant dans le village des athlètes. Et pas n'importe lequel, car la qualité et le goût des produits servis à volonté n'avaient rien à voir avec les standards habituels de McDo. Je ne me suis pas trop mal débrouillé : j'ai réussi à avaler mes cent nuggets avant de me précipiter pour vomir, comme les autres.

Ce genre d'excès peut étonner, surtout de la part de sportifs habitués à se conformer à une stricte discipline afin d'atteindre leurs objectifs. Mais c'est justement le poids des interdits alimentaires qui nous pousse à lâcher du lest de temps en temps et à oublier les contraintes auxquelles nous sommes soumis en permanence. Et puis, il faut parfois savoir s'amuser, surtout après une compétition chargée en stress et en émotions fortes. Si l'on voulait être vraiment sérieux, il ne faudrait jamais boire de soda et encore moins d'alcool. Se priver de pain blanc pour le remplacer par du pain aux céréales. Se limiter à deux œufs hebdomadaires, ne pas manger trop de pâtes et ne consommer de la viande rouge qu'une fois ou deux par semaine. Si certains de mes petits camarades se couchaient à 22 heures pétantes, suivaient un régime scrupuleux et ne buvaient jamais d'alcool, ce n'était pas le cas de tous. Et à chaque début de saison, nous étions un certain nombre à reprendre l'entraînement avec une bonne dizaine de kilos en trop. Il fallait bien trois ou quatre mois pour les perdre. Tous les ans, je me mettais un sac de graisse sur le dos. Pendant les stages, je mangeais des pizzas à volonté… En 2007, le jour où l'aiguille de ma balance a indiqué 113 kilos, Lionel Horter m'a cru perdu pour la natation.

Londres

Septembre 2011. Dans dix mois, les Jeux de Londres.

Je suis gonflé à bloc, décidé comme jamais, obsédé par ce rendez-vous auquel je tiens par-dessus tout. Dans ma carrière, aucune compétition ne m'a autant motivé que les Jeux olympiques. Il en va de même pour les autres sportifs. Les Jeux, c'est ce qu'il y a de plus beau, de plus fort, de plus excitant. Ils n'ont lieu que tous les quatre ans, des milliards de téléspectateurs ont les yeux rivés sur nous, c'est la fête du sport par excellence. Les meilleurs sportifs du moment se croisent, s'affrontent, vivent ensemble et partagent une expérience exceptionnelle. Pas question de se louper, pas question de ne pas se qualifier et de manquer un événement pareil.

Je serai à Londres. Et pas pour faire de la figuration. J'ai l'intention de faire aussi bien, voire mieux, que ma performance de Pékin en 2008. Deux médailles, c'est formidable, mais je veux revenir avec l'or cette fois-ci.

Je crois en moi. Mais, au sein du club, ce n'est pas le cas de tout le monde. Certains se posent des questions à mon sujet. Ils s'interrogent sur ma capacité à mettre toutes les chances de mon côté. Ils se demandent si je serai prêt, si je suis capable de consentir les sacrifices nécessaires. Je m'en doutais un peu, j'en ai la confirmation lors d'un entretien avec Christine Caron.

« Alors, on fait quoi ? me demande-t-elle.

– Comment ça, on fait quoi ?

– On résilie ton contrat ou on continue l'expérience ?

– Pourquoi tu me demandes ça ?

– Le club te paie pour nager, mais j'ai l'impression qu'on te paie plutôt pour faire la bringue dans les soirées…

– Écoute, c'est l'année des Jeux, je ne pense qu'à ça. Je serai champion olympique, je le sais. Maintenant, si tu n'as pas confiance en moi, si tu n'as pas envie de me garder, on arrête là. Mais, quoi qu'il arrive, je reviendrai de Londres avec des médailles. Et si ce n'est pas avec Lagardère, tant pis, ce sera avec un autre club. »

Et je quitte le bureau pour aller m'entraîner, sans même attendre sa réponse. Notre petite explication n'a pas été du goût de tout le monde du côté de la direction. Je comprends que l'on puisse s'interroger, mais c'était avant la préparation des Jeux. L'Amaury version 2011, le Leveaux en 3D, sur le mode détente-déglingue-défonce, c'est du passé. Désormais, je vais tout faire pour être le meilleur.

Avec un objectif ambitieux mais réaliste : rapporter une ou deux médailles.

Je pense avoir mes chances sur le cinquante mètres et sur les deux relais. Et si les autres ne croient pas en moi, je possède assez de force morale, de caractère et d'ambition pour leur prouver qu'ils ont tort. Jusque-là, ma saison n'a pas été terrible, j'en suis bien conscient. On peut même dire qu'elle a été nulle en matière de résultats. La fin d'année n'est guère brillante. Je me contente de décrocher une médaille d'argent aux championnats d'Europe. Les journalistes recommencent à s'intéresser à moi. Ils me décrivent comme celui qui a sauvé l'honneur du Racing. Ces derniers mois, à les lire ou à les écouter, j'étais bon à jeter aux chiens, perdu à jamais pour la natation, le *loser* par excellence sur lequel aucun d'entre eux n'aurait misé. J'ai l'intention de les faire encore changer d'avis dans les mois à venir.

*

* *

Je dois reconnaître que je n'ai pas non plus fait preuve d'une hygiène de vie exemplaire. De septembre à décembre, je n'ai pas arrêté de sortir le soir, en contradiction avec mes bonnes résolutions et avec mon discours dans le bureau de Christine. En décembre, j'ai même failli louper l'avion pour La Réunion, où nous avons effectué un stage. J'avais oublié mon passeport chez moi. Je me suis présenté à l'aéroport sans le moindre papier d'identité, avec une simple carte Vitale sans photo et une carte Air France – sans photo, elle non plus. Il s'en est fallu de peu, mais un copain me les a apportés en catastrophe.

Mais, pendant ce stage, j'ai bossé comme une brute. Je ne pensais qu'aux Jeux, du matin jusqu'au soir. Je sentais que la machine à gagner se remettait en marche, doucement mais sûrement. Comme si j'avais eu un écran, devant les yeux, sur lequel était inscrit « Londres 2012 ».

De retour à Paris, début janvier, après avoir fêté la nouvelle année comme il se doit, j'ai pris une grande résolution : désormais, plus d'excès. Ou alors, pas trop. J'ai quasiment arrêté de boire. Je suis passé d'un paquet de cigarettes par jour à dix clopes quotidiennes. Je sais, dans un monde idéal, un sportif de haut niveau ne devrait pas fumer du tout. Mais nous ne vivons pas dans un monde idéal. Et les poumons des nageurs, habitués à s'ouvrir en grand, possèdent une capacité qui excède celle d'un individu non sportif. Je nc suis pas le seul athlète à m'autoriser un peu de tabac. Un jour, avant la compétition, ils sont plusieurs à me rejoindre. J'en connais même qui fument la chicha. Quand on sait qu'une seule bouffée de ce truc équivaut à plus d'un paquet de cigarettes…

Et le fait de fumer n'est pas contradictoire avec de bons résultats. À Rijeka, en 2008, j'ai battu des records alors que je clopais comme jamais. J'ai continué à faire la fête avant la compétition, j'ai passé des week-ends de folie, je me suis éclaté comme si j'étais en vacances, je suis arrivé en Croatie sans vraiment savoir si j'étais en forme, mais ça ne m'a pas empêché de rafler quatre médailles d'or et de battre deux records d'Europe. J'en suis arrivé à la conclusion que l'essentiel, pour accomplir des performances de haut niveau, c'est d'être bien dans sa tête. Quand la tête fonctionne bien, le corps suit. À l'inverse, on peut sortir d'une préparation monumentale et échouer lamentablement, parce qu'un pépin personnel sera venu dérégler la machine. Quand le mental va, tout va. Quand il ne va pas, c'est la cata...

*

* *

Mars 2012. Ça y est, j'ai mon billet pour Londres !

Je me suis qualifié lors des championnats de France, à Dunkerque, en compagnie d'une quarantaine d'autres nageurs. Nous étions trois mille en compétition. Sur ces trois mille, une cinquantaine rêvait de qualification, une trentaine possédait une chance sérieuse. La règle était simple : seuls les deux premiers de chaque course gagnaient leur ticket pour les Jeux. Autant dire qu'il ne fallait pas se louper. Il n'y a qu'un championnat par an et aucune chance de se rattraper. Je me savais attendu. Je savais que les journalistes présents doutaient de moi et ne croyaient pas à ma qualification. Pourtant, j'avais perdu du poids, j'étais affûté, prêt à tout renverser sur mon passage. Ils auraient dû se douter de quelque chose. Mes concurrents non plus ne croyaient pas en mes chances. Tant pis pour eux…

Ils ont sélectionné leurs courses afin de concentrer leurs efforts sur leurs distances favorites. Moi, comme à chaque fois, j'ai participé à cinq épreuves : le cinquante mètres, le cent mètres, le deux cents mètres crawl, le cinquante mètres papillon et le cent mètres papillon. Pour chacune d'elles, il fallait d'abord disputer les séries, puis la demi-finale et la finale. Je me suis qualifié pour le deux cents mètres, en terminant deuxième derrière Yannick Agnel, et pour le cinquante mètres papillon. Mais je me suis contenté des séries pour le cent mètres papillon et d'une quatrième place au cent mètres crawl, après être passé au travers de ma course. En tout, j'ai disputé treize départs, alors que les autres ne se sont alignés que sur six.

Au passage, j'ai battu Frédérick Bousquet au cinquante mètres. Je l'ai ainsi privé de Jeux olympiques, à la surprise générale, alors qu'il était persuadé, comme tout le monde, qu'il se qualifierait sans difficulté. J'ai d'abord caché mon jeu dans les séries en restant derrière lui, sans forcer. Il a sans doute pensé que j'étais cuit et s'est imaginé que je n'étais pas dangereux. Le soir, lors de la demi-finale, je l'ai inquiété en montrant que j'en gardais sous le pied. Et en finale, j'ai terminé premier… Je suppose qu'il a trouvé ça injuste. Il a dû penser que je lui avais volé ses Jeux. Tout le monde le voyait déjà à Londres. J'avais l'envie pour moi, une terrible envie de me qualifier et de disputer le cinquante mètres à Londres. Je m'étais entraîné comme jamais jusque-là dans ma carrière. Ma qualification était le fruit d'une motivation énorme, peut-être plus grande que celle de mes adversaires. En natation comme dans les autres disciplines sportives, les qualités physiques ne constituent qu'une partie de la réussite. Le désir de vaincre, la volonté de se dépasser, la « niaque » et l'état d'esprit sont tout aussi importants, sinon plus.

*

* *

Mission accomplie. Je repars de Londres avec deux médailles. L'or au relais quatre fois cent mètres et l'argent au relais quatre fois deux cents mètres. Je deviens le nageur français le plus titré, à égalité avec Alain Bernard. Je n'ai qu'un seul regret, celui d'avoir échoué dans le cinquante mètres nage libre. On dit que le diable se niche dans les détails, c'est aussi le cas d'une bonne performance. La veille des séries, mon agent a voulu montrer mes médailles à son associé. Il devait déjà imaginer les partenariats possibles, les contrats à me faire signer, même si les choses se sont toujours faites au coup par coup. Il avait même imaginé de me mettre en couple avec Philippe Lucas pour la marque The Kooples ! Mais ils n'ont pas donné suite. Nous sommes sortis du village olympique pour aller boire un verre dans un pub. Je me suis contenté d'un chocolat, je n'ai pas bu une goutte d'alcool, mais nous sommes restés plus d'une heure à bavarder tranquillement, comme si j'avais terminé la compétition.

Sans m'en rendre compte, je me suis relâché. J'aurais dû rester au village pour garder mon influx nerveux. Là, j'ai décompressé, malgré moi. Nous avons bien rigolé, l'ambiance était à la fête, alors que je devais disputer une course difficile le lendemain. J'étais peut-être trop sûr de moi, trop confiant. Je me suis mis hors jeu tout seul. Et le lendemain, le verdict est tombé : j'ai terminé à la dix-huitième place des séries. Seuls les seize premiers étaient qualifiés pour les demi-finales.

C'est Florent Manaudou qui a gagné l'épreuve et décroché l'or. J'étais content pour lui. Je ne me suis pas comporté en professionnel ce jour-là.

Au retour des Jeux, j'ai levé le pied. Je n'ai pas renouvelé les erreurs et les écarts de comportement que j'avais commis après Pékin. Pas de pétage de plombs, pas d'excès en tout genre. Cette fois, j'étais vacciné. Mais la motivation s'était envolée. Je n'avais plus envie de m'arracher pour battre de nouveaux records. C'était peut-être le contrecoup psychologique des Jeux, comme si toute la pression que je m'étais infligée depuis quelques mois était retombée d'un seul coup. Le matin, je n'avais plus envie de me lever. La natation m'ennuyait. Mon contrat avec Lagardère était arrivé à son terme. Il était sans doute temps de passer à autre chose.

Mon père

« Amaury, tu peux venir me voir ? »

Ce coup de téléphone de Lionel Horter n'annonce rien de bon. La scène se passe à Rome, en juillet 2009, en plein cœur des championnats du monde. C'est l'heure de la sieste, mais je n'arrive pas à fermer l'œil. Avec Hughes Duboscq, un autre nageur de l'équipe de France, je fume une cigarette sur le balcon de notre chambre, le regard perdu dans le vague, en évoquant les courses à venir. Je n'ai pas très bien commencé la compétition, mais je reste optimiste. Je sais que je peux réaliser une bonne performance. Je suis concentré sur mes objectifs et sur mes chances de médailles. Tout est encore possible. Ce n'est tout de même pas une petite clope qui va m'empêcher de gagner des courses. Et de là à déclencher la révolution au sein de la sélection, il ne faut pas exagérer. Lionel m'a demandé si j'avais reçu des nouvelles de ma mère récemment. Je n'ai pas compris pourquoi.

Non, ce qui m'inquiète vraiment, c'est cette convocation inopinée. Je suis sûr que quelqu'un nous a vus en train de fumer et a vendu la mèche à Lionel. Il ne rigole pas avec la discipline, et je suppose que mes débuts très moyens dans la compétition ne risquent pas de plaider en ma faveur. Vite, je me brosse les dents et je m'asperge de parfum pour donner le change. Avec un peu de chance, il ne se rendra compte de rien. Je n'ai pas envie de subir ses reproches et ses leçons de morale sportive. Quand je le rejoins, dans le hall de l'hôtel, j'affiche la mine décontractée du gars qui n'a rien à se reprocher. « Vous vouliez me voir, coach ? Pas de problème, me voilà, dites-moi ce que vous avez à me dire, je suis prêt à tout entendre. »

Autour de lui, j'aperçois son frère, Franck, et le directeur technique national. Même en imaginant que l'encadrement ait décidé de marquer le coup et de rappeler de manière solennelle les règles de discipline, je trouve que cela fait beaucoup de monde pour une simple cigarette.

« Amaury, je t'ai demandé de venir parce qu'il faudrait qu'on appelle ta maman. »

Appeler ma mère, drôle d'idée. La démarche me paraît étrange, mais je prends le combiné que me tend Lionel. En entendant la voix de ma mère au bout du fil, je comprends qu'il se passe quelque chose.

« Tout va bien, maman ? »

Sa voix se perd dans un sanglot étouffé, mais elle parvient cependant à articuler trois mots.

« Papa est mort. »

Papa est mort ? Comment ça, papa est mort ? Sur le moment, je ne comprends pas ce qu'elle veut dire. Il me faut quelques secondes pour réaliser. Ma mère n'arrête pas de pleurer. Je n'ai rien à opposer à ses larmes, si ce n'est un long silence.

L'espace d'un instant, j'ai envie de lui dire que je m'en fous, que mon père nous a abandonnés et que sa disparition ne me concerne pas, comme s'il n'existait plus pour moi depuis longtemps. Cette idée me traverse l'esprit, mais les mots ne sortent pas de ma bouche. Ils restent bloqués, comme s'il y avait un conflit entre mon cœur et mon cerveau. Tout ce que je suis capable de faire en cet instant, c'est de laisser couler mes larmes, sans retenue. Sans me soucier des gens qui m'entourent.

De toute façon, je ne vois rien ni personne. Je pourrais être seul dans le hall de l'hôtel, ce serait la même chose. Tout ce qui m'importe, à cet instant, c'est de réconforter maman. Je lui dis que je vais rentrer demain, mais elle refuse. Elle tient à ce que je continue la compétition, elle veut que je me batte pour rapporter des médailles. Elle aurait préféré que Lionel ne me dise rien pour ne pas perturber ma préparation. Elle ne voulait pas que je l'appelle. C'est lui qui a insisté, elle a fini par céder à ses arguments. Lionel et les personnes réunies autour de moi ne savent pas quoi faire. Dans ce genre de circonstances, les mots sont parfois de trop. Loin d'apaiser celui auquel ils sont destinés, ils risquent de l'enfoncer.

Je nage. Je rentre dans ma chambre. Mais je dois rejoindre l'équipe de France pour une réunion. C'est Franck qui rompt le silence. J'aurais préféré qu'il se taise.

« Ça va aller, fils... »

« Fils » ? J'ai rêvé ou il a bien prononcé le mot « fils » ? Je le regarde avec un mélange d'incrédulité et de colère.

Les meilleures intentions peuvent parfois provoquer un résultat inattendu et désastreux, à l'opposé de leur objectif initial. Au bout de quelques minutes qui m'ont donné l'impression de durer des heures, je m'aperçois que notre groupe s'est élargi. Plusieurs nageurs nous ont rejoints, intrigués par la scène. Ils me demandent ce qui se passe, ils cherchent à savoir si j'ai besoin d'aide, ils essaient d'adoucir ma peine comme ils le peuvent. Mais je n'ai pas envie que l'on me plaigne, je n'ai pas envie d'affronter des regards dans lesquels je lis un mélange de pitié, de compassion et de malaise. Je préfère aller m'entraîner, comme si l'action avait le pouvoir d'effacer ce que je viens de vivre.

En nageant, comme s'il n'y avait pas assez d'eau dans le bassin, je verse un flot de larmes. Mais nager est une épreuve, un supplice, un calvaire. Chaque geste, chaque mouvement, chaque mètre gagné sur la douleur me demande un effort épouvantable. Ce jour-là, j'ai failli sortir de l'eau à plusieurs reprises. J'ai dû me battre contre moi-même pour ne pas me réfugier dans ma chambre, pour ne pas tout laisser tomber et rentrer à Paris.

*

* *

Je me souviens de ces rares moments passés en compagnie de mon père, après son départ de la maison, quelques années plus tôt. Nous n'avions pas souvent l'occasion de nous retrouver tous les deux. Avant de rencontrer une nouvelle femme, il avait vécu dans un foyer de travailleurs où il occupait une chambre. La pièce était trop petite pour qu'il accueille ses enfants.

Le mercredi matin, en revenant du catéchisme, je faisais un détour pour aller le voir. Je le rejoignais dans un bar, Le Nord, où il avait pris ses habitudes. Je le retrouvais toujours à la même place, accoudé au comptoir, avec un ballon de vin dans la main. D'une semaine sur l'autre, on aurait pu croire qu'il n'avait pas bougé. Je poussais la porte du café, je venais l'embrasser pour lui dire bonjour, il me caressait la tête et me demandait ce que je voulais boire. Il y avait quelque chose d'incongru dans cette question. Il s'adressait à moi comme si j'étais un adulte. Je commandais un chocolat chaud et un croissant. Il me donnait un franc pour le flipper et me demandait de temps en temps de remettre un disque dans le juke-box. Ensuite, il se tournait vers ses voisins de comptoir et reprenait le fil de leur conversation. J'étais heureux de passer un moment à ses côtés et cela me suffisait. Notre relation était bancale et incomplète, elle ne ressemblait pas à celle qui unissait mes copains et leur père, mais c'était mieux que rien.

L'époque où je l'accompagnais dans son camion était décidément loin derrière nous. Ma mère me descendait de l'appartement pour m'installer sur la banquette, à côté de lui. J'étais encore en pyjama, les yeux embués de sommeil. Je posais la tête sur les genoux de mon père et je m'endormais. Je rêvais que nous faisions le tour du monde, que nous partions pour des destinations lointaines ou pour des pays exotiques. Je savais qu'il ne pourrait rien m'arriver, car il était là pour veiller sur moi. Je me réveillais en pleine nuit, du côté de Lyon ou d'ailleurs, émerveillé par les lumières qui nous entouraient, exalté par cette sensation de liberté et par l'impression d'explorer des terres inconnues. Nous n'étions pourtant qu'à quelques centaines de kilomètres de chez nous, mais il me semblait que nous étions à l'autre bout du monde, et pour toujours.

*

* *

Papa était parti, mais la vie continuait. Et la vie, à ce moment précis, c'était ce championnat du monde à Rome. Je tenais à prouver que je valais mieux que les premières épreuves auxquelles j'avais participé. Fabien Gilot et Esther Baron, une amie de Laure avec laquelle elle nageait à Melun, m'avaient aidé du mieux qu'ils avaient pu. Ils s'étaient contentés d'être là, tout simplement, avec légèreté et sincérité. J'éprouvais les plus grandes difficultés à me remettre dans le bain. Les jours suivant l'annonce du décès de papa, je n'avais guère réussi à nager que quelques centaines de mètres, quand j'aurais dû en parcourir dix fois plus. Ma tête voulait faire l'effort, mais mon corps ne suivait pas. Je plongeais comme un automate avant de ressortir de l'eau cinquante mètres plus loin, incapable de progresser. Mon esprit était ailleurs, mes gestes s'étaient perdus et mon mental avait coulé au fond du bassin.

Ce qui m'empêchait de nager, ce n'était ni la fatigue ni la tristesse. Je crois que c'était un sentiment de culpabilité qui remontait à la surface, comme s'il me tirait par les jambes pour m'interdire d'avancer, à la manière d'un boulet qui aurait été accroché à mes pieds. Depuis quelques semaines, ma petite amie m'avait demandé de lui présenter mon père. J'avais refusé, en lui expliquant que nos relations n'avaient rien à voir avec celles qui unissaient les membres de sa famille. Ses parents s'aimaient et étaient toujours restés ensemble. Les miens s'étaient séparés, même s'ils s'aimaient toujours, mais ils étaient incapables de s'entendre et je souffrais, sans me l'avouer, de cette situation. Elle insistait, je lui répondais que nous irions le voir, mais après les championnats du monde. Il faut se méfier des « après ». Après, c'est parfois trop tard. Et là, c'était trop tard. Mon père était mort, nous n'irions plus jamais lui rendre visite.

*

* *

Le dernier souvenir de notre rencontre n'était peut-être pas pour rien dans ma réticence. Cinq ans plus tôt, en juin 2004, j'avais été invité au mariage de mon cousin. Je savais que papa serait présent, j'étais heureux de le retrouver et de renouer le contact avec lui. J'avais tellement de choses à lui dire, toute une nouvelle vie à lui raconter et à partager avec lui. Ce sentiment de bonheur n'a pas duré longtemps. Quand je me suis penché pour l'embrasser, il ne m'a même pas regardé. Il s'est contenté de me tendre une main froide et indifférente.

Quand il est revenu vers moi, quatre ans plus tard, après les Jeux de Pékin, je n'avais pas envie de renouer avec lui.

Je me suis qualifié pour les demi-finales sans difficulté. J'avais espéré rater les séries afin de rejoindre ma famille, mais je suppose que mon inconscient de sportif de haut niveau a pris le pas sur toute autre considération, comme dans un réflexe conditionné. Après la course, je suis resté seul. Je n'avais envie de parler à personne en attendant la finale. Je ne pensais qu'à rentrer chez moi. J'ai mesuré à ce moment-là le côté dérisoire de ces championnats, de la natation et de l'existence que je menais depuis quelques années. Les joies procurées par la compétition pesaient bien peu en regard des grands événements de notre vie personnelle.

J'en étais là de mes réflexions quand un de mes camarades est venu me demander de ne pas nager trop vite lors de la demi-finale. Tu comprends, m'a-t-il dit en substance, je tiens vraiment à me qualifier pour la finale, ce serait sympa de ta part de ne pas trop forcer pour me laisser une chance… En fait, il y avait huit places pour seize nageurs à gagner en deux demi-finales. Si je donnais tout dès le départ, je risquais de tout compromettre. J'ai trouvé qu'il était gonflé de me demander une chose pareille. Sa question m'a agacé, mais elle m'a remotivé. J'ai eu envie de lui dire, ainsi qu'à tous les autres : « Oh, les gars, ne m'oubliez pas trop vite, je suis toujours dans le coup et je n'ai pas l'intention de vous rendre la vie facile. » Lors de cette demi-finale, j'ai placé la barre très haut. J'ai donné tout ce que je pouvais, sans retenue ni calcul. Les autres ont été obligés de suivre et de s'adapter à mon rythme s'ils voulaient décrocher leur qualification.

Le jour de la finale, j'étais là et j'étais en même temps ailleurs, comme étranger à mon propre corps qui se tenait debout dans la chambre d'appel, cette pièce qui sert de sas ultime avant de pénétrer dans le bassin. Les autres étaient concentrés sur leur course. Moi, je pensais à ma famille, à ma mère, à ma sœur et à mon frère. Je pensais à mon père. Je me disais que je ne serais pas présent à son enterrement qui avait lieu au même moment, et je m'en voulais, malgré tout ce qui avait pu nous séparer ces dernières années.

Je lis de la détermination dans le regard de mes adversaires. Je ne sais pas ce qu'ils lisent dans mes yeux et ça m'est égal. De l'indifférence, peut-être. Je ne sais pas, je suis comme dans un état second. Je suis déjà vice-champion olympique en titre du cinquante mètres nage libre, j'ai la possibilité de devenir champion du monde. Il y a encore quelques jours, cette perspective m'aurait motivé et donné des ailes. Aujourd'hui, je ne sais plus ce que je désire vraiment. Je n'ai pas réfléchi à ma course, je n'ai rien préparé, je n'ai ni stratégie ni ambition.

*

* *

J'ai fini en troisième position, derrière le Brésilien César Cielo, médaille d'or, et Frédérick Bousquet. Je suis parti comme une flèche. J'ai effectué une bonne coulée et je suis sorti en tête, mais je n'ai pas pu résister au retour de Cielo, qui a battu le record du monde détenu par le Russe Popov depuis six ans. À l'arrivée, je n'ai ressenti aucun bonheur particulier ni aucune déception. En temps normal, ce serait un grand jour : je remporte ma première médaille mondiale et je viens de battre mon record personnel, en 21 secondes et 25 centièmes. Des milliers de nageurs rêvaient de participer à ces championnats. Nous étions plusieurs à pouvoir prétendre nous classer dans les trois premières places. Pour couronner le tout, l'équipe de France a placé deux de ses représentants sur le podium.

C'est une belle journée pour la natation française, mais tout cela ne me concerne plus vraiment. Maintenant, je vais pouvoir rentrer chez moi. Enfin, presque : il me reste à sacrifier au rituel de la remise de médailles et à diverses formalités. Quand j'entends la musique du film *Gladiator*, diffusée par haut-parleurs pour accompagner la cérémonie, je ne peux pas m'empêcher de frissonner. C'est bien le seul moment de la journée où je serai ému. Ensuite, je me contente de suivre les instructions et de faire ce qu'on me demande, avec une docilité qui ne me ressemble pas vraiment. Pendant la conférence de presse, je m'aperçois qu'une erreur a été commise : la médaille que l'on m'a remise porte la mention « Silver Medal » alors que j'ai remporté la médaille de bronze. Sans réfléchir, dans un geste spontané, je la prends et je la jette sur Frédérick, son véritable titulaire. Les journalistes me regardent, interloqués. Ils ne comprennent pas mon geste, mais personne n'ose réagir.

Heureusement, la presse me laisse tranquille. On ne me harcèle pas avec des questions pénibles. Les journalistes présents ont été informés du moment difficile que je traverse, ils se contentent de me demander ce que je ressens en ce jour si particulier pour moi. Seul l'envoyé spécial d'un journal brésilien fait allusion à ma situation personnelle. Cielo n'était au courant de rien, le sourire de vainqueur qu'il arborait se transforme en une expression que j'interprète – peut-être à tort – comme une marque de pitié. Je n'ai pas besoin de pitié, vraiment pas. Je me lève et je quitte la salle de presse. Fred réussit à me traîner dans une petite pièce pour une prise de vue avec le photographe de *Match*, mais le cœur n'y est pas et mon sourire encore moins. D'ailleurs, les photos ne sortiront jamais. Pour tout arranger, je découvre en revenant dans la salle des kinés qu'on m'a volé mon sac. Je n'ai plus qu'une veste de survêtement, un short et des tongs. J'en suis réduit à enfiler un pantalon aux couleurs du Brésil que me prête Cielo.

Les corvées ne s'arrêtent pas là. Nous sommes censés participer à une cérémonie officielle organisée par l'ambassadeur de France. Tout le monde sera présent – les familles des nageurs, les partenaires, le président de la Fédération et d'autres officiels. Christian Donzet, le DTN, insiste pour que je vienne au Club France, où se tient la petite fête. Je finis par céder. Nous assistons au *speech* du président. D'habitude, je vis les discours comme une corvée inévitable. Là, c'est un calvaire. Le président félicite Frédérick Bousquet pour sa médaille d'argent et me félicite pour ma troisième place. Quand il m'invite à prendre le micro pour faire part de mes sentiments personnels, je craque. Il en fait trop. Je sens une colère monter en moi. Je lui prends le micro des mains, je me tourne vers les invités, en le regardant droit dans les yeux. « Je n'ai rien à vous dire, je n'ai pas envie de parler et ça m'emmerde d'être ici… Maintenant, si vous voulez ma médaille, ne vous gênez pas, elle est à vous ! »

Et je quitte la salle sans me retourner, indifférent aux réactions que ma sortie improvisée a pu provoquer. J'ai rempli ma part du contrat, j'ai remporté une belle médaille, j'ai joué les vaillants petits soldats alors que j'aurais très bien pu déclarer forfait.

De retour en France, j'ai pris quelques jours de vacances avec maman. Nous sommes partis dans le Sud, loin de tout. Pendant le trajet en voiture, nous n'arrêtions pas de parler de mon père. Malgré tout ce qui s'est passé entre eux, malgré tout le mal qu'il lui a fait, elle n'a jamais cessé de l'aimer, comme aux premiers temps de leur relation. Je serai père à mon tour, un jour, mais je ne marcherai pas sur ses traces.

Dopage

Un sportif ne connaît pas ses limites. Il ne sait pas jusqu'où il est capable d'aller. Chaque entraînement, chaque compétition est l'occasion de les repousser. Au fur et à mesure, le corps est moins fatigué, il absorbe mieux les efforts, il franchit des paliers et peut nous emmener encore plus loin.

Il est naturel qu'un professionnel cherche toujours à développer le plus possible son potentiel, physique mais aussi psychologique. Tout le monde est capable d'emmener son corps au-delà de ses limites. Mais, dans la vie de tous les jours, on n'a pas forcément besoin de se dépasser. Alors qu'un sportif cherchera toujours à aller plus vite, plus haut ou plus fort. Il n'a pas besoin d'être stimulé par son coach. C'est dans sa nature, tout simplement. Il ne se satisfait jamais de sa dernière performance. Il sait qu'il peut faire mieux, qu'il peut encore progresser, qu'il n'a pas exploité au maximum ses ressources. Quelle que soit la discipline qu'il pratique, quelles que soient ses caractéristiques physiques, il va toujours se sentir attiré par les performances extrêmes. Si l'on réunit dix d'entre eux, toutes disciplines confondues, devant une cascade, il y a fort à parier qu'ils vont tous avoir envie de sauter dans l'eau. Juste pour le plaisir de la sensation nouvelle, pour le caractère inédit de l'expérience, pour l'envie de voir s'ils sont capables de le faire.

Les produits dopants ne permettent pas de nager plus vite. Ils ne transforment pas une Twingo en Ferrari, ce serait trop simple. Mais ils habituent le corps à dépasser ses capacités habituelles. On devient plus résistant à l'entraînement, on repousse le seuil de la douleur, on se sent capable de supporter des charges que l'on ne supportait pas avant. Le corps s'adapte à tout et développe une mémoire étonnante. Il se débrouille tout seul pour être bien dans sa peau, en quelque sorte. Le néophyte qui se lance dans des séances de musculation commencera par avoir mal, puis son corps va intégrer les efforts et se développer naturellement. Un athlète est au maximum de ses capacités entre 24 et 27 ans, mais son éclosion se produit plus tôt, autour de 17 ou 18 ans. Ensuite, il suit une courbe de progression plus ou moins rapide. Mais il n'émerge pas tout d'un coup sans prévenir, comme s'il tombait du ciel.

D'où l'étonnement suscité par certains athlètes, qui se révèlent en compétition alors que personne n'a jamais entendu parler d'eux, comme s'ils arrivaient de nulle part.

Ce genre de performance est toujours suspect. Dans le sport de haut niveau, les générations spontanées n'existent pas, les miracles non plus. Il m'est arrivé de me sentir plus fort que d'autres pendant l'entraînement, de les dominer sans difficultés, puis de me faire distancer en compétition. C'est une sensation étrange et plutôt désagréable. Mais je ne pouvais rien faire, je n'avais aucune preuve, juste une suspicion.

En 2010, un copain nageur me parle d'un produit censé faire des miracles. Un complément alimentaire révolutionnaire qui permet d'augmenter le niveau de forme cardio-vasculaire. Une pilule miracle, en quelque sorte. Un truc pas vraiment autorisé, d'après ce que je comprends. C'est le pharmacien qui lui vend des protéines – parfaitement légales – qui lui en a parlé. Un mélange de poudre et de gélules qui augmenterait l'endurance, qui ne serait pas décelable dans les urines et qu'il suffirait d'arrêter un mois avant une compétition pour ne pas être déclaré positif. Ça sent le mauvais plan. Mon pote me dit que ça peut être cool d'essayer. J'ai l'impression qu'il est sur le point de craquer. Ses performances se sont nettement améliorées dans les mois qui ont suivi notre discussion.

*

* *

Une nageuse russe entraînée par Philippe Lucas m'avait expliqué comment fonctionnait le dopage au sein de l'équipe nationale de Russie. Lors des stages d'entraînement, les effectifs étaient doublés. La moitié des participants étaient là pour nager ; les autres servaient de remplaçants en cas de contrôle antidopage. Chaque nageur était « doublé » par un autre qui portait le même nom sur son passeport. C'est la doublure, cantonnée dans sa chambre d'hôtel et vierge de tout produit interdit, qui se présentait à la place de celui qui venait de terminer l'épreuve, sans que les officiels ne s'aperçoivent de quoi que ce soit. Elle m'avait aussi expliqué qu'elle recevait des injections de testostérone à chaque fois qu'elle rentrait chez elle pour s'entraîner. Une hormone bien connue qui augmente les capacités, la force musculaire et la résistance à la fatigue. À l'entendre, j'avais l'impression de revenir quelques années en arrière, à l'époque où les athlètes des pays de l'Est, en particulier les femmes, affichaient des caractéristiques physiques pour le moins étonnantes.

*

* *

Un contrôle antidopage, c'est du sérieux. Parfois, c'est même plutôt cocasse. L'opération suit une procédure très précise, valable pour toutes les compétitions. Nous disposons d'une heure après la fin d'une course pour nous présenter au contrôle. Quand nous sortons du bassin, nous allons d'abord chercher notre accréditation. Si elle n'est pas disponible, cela signifie que nous avons été désignés pour sacrifier à ce rituel. On nous informe alors de l'heure à laquelle nous devons nous présenter. À partir de là, nous sommes suivis en permanence par un « chaperon » qui ne nous lâche pas d'une semelle. Après un détour par la zone mixte afin de répondre aux questions de la presse, nous avons le choix. Nous pouvons nous présenter tout de suite au contrôle si l'envie est trop pressante, à condition de savoir faire preuve de patience : seuls deux médecins sont disponibles pour s'occuper d'une vingtaine de nageurs. L'idéal, c'est de se baigner dans le bassin de récupération, pour éviter que les déchets ne se fixent dans l'organisme, puis de se présenter au contrôle cinq minutes avant l'expiration du délai. Il m'est déja arrivé, alors que j'attendais mon tour dans ce bassin, de me lâcher sans le faire exprès. C'était en 2012, à Dunkerque, pendant le championnat de France. J'étais en train de discuter avec Philippe Lucas. Quand je m'en suis aperçu, je lui ai dit : « Philippe, je viens de pisser… » Il était atterré. « Mais t'es con où quoi ? Tu dois passer au contrôle antidopage ! » m'a-t-il répondu avant de demander au chaperon qui me surveillait d'aller chercher en urgence des bouteilles d'eau pétillante et un Coca.

Le nageur n'est jamais seul au moment crucial du contrôle antidopage. À ses côtés, un officiel s'assure que c'est bien lui qui remplit le petit flacon, histoire d'éviter qu'il ne remplace son urine par celle de quelqu'un d'autre. Je n'avais jamais encore vécu cette expérience étrange qui consiste à pisser sous surveillance, à quelques centimètres de quelqu'un que je ne connais pas et qui garde les yeux rivés sur mon sexe. De mon côté, je dois rester aussi digne qu'imperturbable. L'opération terminée, c'est à mon tour de contrôler la suite des événements. Pas question qu'un médecin indélicat substitue à mon urine celle d'un autre. Une fois que les flacons contenant les échantillons sont mis sous scellés avant d'être envoyés en laboratoire pour analyse, on ne peut plus rien faire : il n'est pas question de protester en cas de doute. D'où une vigilance indispensable afin d'éviter tout malentendu.

*

* *

La question du dopage peut se poser. La tentation est là, sournoise. Elle rôde, elle se tapit dans l'ombre, elle se glisse insidieusement dans les esprits. Elle n'attend que le moment opportun : une compétition importante, un environnement humain laxiste, une prédisposition psychologique à la tricherie, une remise en question existentielle, des enjeux financiers importants, une pression trop forte… Les « bonnes » raisons de se doper sont nombreuses, et il est parfois difficile d'y résister. Il arrive que les attentes autour d'un sportif soient tellement grandes qu'il peut très vite glisser sur la mauvaise pente, presque de manière naturelle. Après, il est facile de s'arranger avec sa conscience. « Comprenez-moi, j'étais fatigué, je traversais une période de doute, on m'a mis la pression, j'étais condamné à réussir, je n'ai pas vu venir le danger, je n'avais pas conscience de prendre un produit interdit… »

On trouve toujours les meilleurs arguments du monde pour accepter d'avoir franchi la ligne jaune et pour continuer à se regarder dans la glace le matin. Mais le dopage est un leurre. C'est un piège d'où il est difficile de sortir seul. Une dépendance qui peut avoir des conséquences redoutables pour la santé d'un athlète, pour sa réputation et pour sa carrière.

*

* *

En 2009, la Fédération internationale de natation a interdit l'utilisation des combinaisons en polyuréthane à partir de 2010. On a parlé de « dopage technologique » à propos de ces tenues révolutionnaires, apparues à grande échelle au début des années 2000. L'expression est excessive, mais il est vrai que leur usage massif a parfois perverti notre sport. Les « combis » ont rendu un grand service aux partisans du moindre effort, tous ces nageurs un peu trop gras et sans grand talent qui négligent de travailler les « fondamentaux » comme l'endurance. Certains se contentaient d'un gros travail de musculation et comptaient sur leur combinaison pour faire le reste. Tout le monde en a profité, à des degrés divers.

J'en ai porté, comme les autres, mais elles ne m'ont jamais beaucoup aidé. En général, j'attaquais la saison avec un maillot classique et je passais aux combinaisons dans les grosses compétitions, bien que cela n'ait jamais amélioré mes performances de manière significative. Elles

e fâcheuse tendance à prendre l'eau et j'avais
on de nager dans une éponge. Ou alors elles
p serrées, au risque de craquer. C'est ce qui est arrivé dans une demi-finale des championnats du monde de Rome, en 2004. La combinaison d'un de mes adversaires s'est déchirée deux minutes avant le départ… Quand on connaît le stress de ces ultimes secondes, on imagine facilement dans quel état il se trouvait ! J'étais bien le seul à me préoccuper de lui. Les autres ne pensaient qu'à leur course, mais tout le monde a quand même patienté jusqu'à ce que son entraîneur arrive avec une combinaison de rechange.

À un moment, les instances internationales ont été dépassées par le nombre de records réalisés grâce aux combinaisons. Il en tombait plusieurs tous les mois… Quand les polémiques ont commencé à se multiplier, en 2008, elles ont craint que la natation ne perde sa réputation de sport propre et ont interdit les « combis » en polyuréthane.

*

* *

Dans leur lutte contre le dopage, les instances sportives peuvent compter sur Adams. Pour les non-initiés, il est nécessaire de préciser que ce cher Adams n'est pas un officiel en costume-cravate ni un type en pardessus et lunettes noires qui se planquerait chez un sportif afin de vérifier qu'il ne se dope pas. Non, Adams est un logiciel.

Une plate-forme numérique, sous forme d'agenda en ligne, qui permet de contrôler un athlète, quel que soit son sport et quel que soit l'endroit où il se trouve. Même s'il n'a pas de visage, Adams ne rigole pas. Autant ne pas chercher à se montrer plus malin que lui. Ce bon vieil Adams aurait même une fâcheuse tendance à faire du zèle.

Adams a fait évoluer de manière radicale la lutte contre le dopage. Sur le principe, en tout cas. Avant, les contrôles n'étaient possibles que pendant les compétitions et les entraînements. En dehors de ces circonstances précises, les mauvais joueurs pouvaient faire ce qu'ils voulaient. Le système n'était pas parfait, et il n'était pas toujours possible de prendre un tricheur la main dans le sac. Aujourd'hui, les fédérations sont passées à la vitesse supérieure. Dans tous les sports.

Chaque année, l'Agence française de lutte contre le dopage dresse une liste de sportifs français de haut niveau. Chacun d'eux est obligé de donner un emploi du temps très précis pour les trois mois à venir. Compétitions, stages d'entraînement, déplacements à l'étranger, lieux de vacances, adresses des hôtels : tout doit être indiqué avec la plus grande rigueur. Des nageurs de Marseille m'ont raconté qu'il leur est arrivé d'indiquer des destinations bidon et farfelues, comme l'Himalaya ou Ushuaïa, persuadés que les inspecteurs n'iraient jamais les contrôler au bout du monde ou en haut d'un sommet enneigé… Pour chaque jour du trimestre, il est impératif de choisir un créneau d'une heure, entre 6 heures et 21 heures, pendant lequel un contrôle inopiné pourra avoir lieu. L'idée est simple : pouvoir localiser et contrôler un athlète. Si un changement de programme intervient dans notre activité, nous pouvons modifier les tranches horaires la veille, mais seulement jusqu'à 17 heures. Les distraits, les têtes en l'air et les inconstants ont intérêt à se montrer vigilants. Car si les contrôleurs – ce sont des médecins assermentés se déplaçant toujours par deux – se cassent le nez et trouvent porte close dans le créneau horaire indiqué, le sportif défaillant est sanctionné par un *no show*. Au bout de trois *no show* sur une période d'une année, la sanction tombe sous forme d'une suspension, à moins que le présumé coupable ne puisse invoquer une raison valable à ses absences.

*

*   *

En 2011, des sportifs se sont regroupés pour contester, devant la Cour européenne des droits de l'homme, le caractère intrusif de ce système. La Cour n'a pas encore donné son avis, mais il est très attendu dans le petit monde du sport de haut niveau. Il est facile de faire rimer *no show* avec dopage, comme si une absence à un contrôle signifiait forcément que la personne avait quelque chose à cacher et n'avait pas la conscience tranquille.

En 2012, Philippe Lucas m'avait accordé une matinée de repos après une grosse séance d'entraînement qui m'avait épuisé. Pas de chance, le lendemain matin, deux médecins ont débarqué à la piscine alors que je récupérais au fond de mon lit. Philippe a eu beau leur expliquer qu'il m'avait autorisé à ne pas venir m'entraîner, ils se sont posé des questions. Il a fallu qu'il leur donne mon adresse et qu'il leur prête son téléphone portable – on ne sait jamais, il aurait pu me téléphoner pour me prévenir de leur arrivée, si je n'avais pas été chez moi comme il le leur avait pourtant assuré. Les types ont sonné quelques minutes plus tard. Ils ont constaté que je dormais et ils ont procédé à un prélèvement d'urine avant de repartir avec le sentiment de la mission accomplie. Ce jour-là, j'ai eu de la chance : j'aurais très bien pu écoper d'un *no show* en forme d'avertissement.

*

* *

Je n'ai jamais cédé à la tentation ni à la curiosité. Après avoir arrêté ma carrière, alors que j'étais libre de consommer tous les produits du monde, mon dentiste m'a suggéré d'essayer l'EPO, bien connue de certains coureurs cyclistes. Lui pratiquait le vélo pour le plaisir avec des copains, tous les dimanches. Il me racontait qu'il avait l'impression de retrouver la forme de ses vingt-cinq ans – il avait dépassé la cinquantaine – et que le résultat était spectaculaire. J'avais confiance en son talent de dentiste, un peu moins en ses conseils de dealer amateur. Et j'avoue que je n'étais pas très rassuré quant aux conséquences de la consommation d'un tel produit. Nous en sommes restés là. Il s'est contenté de s'occuper de mes dents, et c'était très bien comme ça.

En revanche, j'ai utilisé des protéines qui facilitent la récupération, des acides aminés et des brûleurs de graisse. L'hiver, j'avalais des vitamines, du Vitascorbol, du Tardyferon et du Magné B 6. J'ai aussi eu recours au Stimol, un diurétique autorisé qui lave le corps et qui l'aide à lutter contre une fatigue passagère ou à supporter un effort excessif.

Mais l'essentiel, pour un nageur comme pour les autres sportifs, reste la maîtrise de son hygiène alimentaire. Sans elle, inutile de se gaver en compléments alimentaires et produits de toutes sortes. Les seuls produits que je me suis autorisés ne sont pas interdits : il s'agit du champagne, de la vodka et du rosé. Et encore, je ne les consommais pas pour améliorer mes performances – je risquais plutôt de les diminuer.

Crise d'hémorroïdes

Pendant un meeting organisé à Canet-en-Roussillon, en juin 2010, Frédérick Bousquet a été convoqué à un contrôle inopiné. On a trouvé dans son organisme des traces d'Heptaminol, un produit interdit qui augmente le rythme cardiaque et qu'il a utilisé avant les championnats d'Europe de Budapest, disputés au mois d'août. Les instances dirigeantes n'ont pas réagi tout de suite afin de ne pas le perturber pendant la compétition. Frédérick est revenu de Budapest avec deux médailles d'or, celle du cinquante mètres et celle du relais quatre fois cent mètres quatre nages. C'est à ce moment-là que ses ennuis ont commencé.

Convoqué par la commission de la Fédération française de natation, il a été sommé de s'expliquer sur le résultat de ce contrôle. L'explication était simple, même si je veux bien admettre qu'elle n'était pas facile à dévoiler. Fred souffre de crises d'hémorroïdes depuis plusieurs années et s'est trouvé en panne de traitement à la veille du meeting. Il lui a fallu acheter d'urgence une pommade de remplacement. Pas de chance, la pharmacienne lui a vendu de l'Heptaminol. Il n'a pas fait attention, il a paré au plus pressé, et voilà comment il s'est retrouvé accusé de dopage, alors que le fondement – si l'on ose dire – de cette accusation n'avait rien à voir avec une quelconque volonté de tricherie. Il a finalement été suspendu pour deux mois, à dater du 20 septembre, de toute participation à une compétition française. De toute manière, la saison était terminée, et cette suspension ne lui a fait louper aucune course de premier plan.

On peut se demander pourquoi la Fédération s'est montrée si discrète sur cette affaire, et pour quelle raison cette information n'a pas été relayée par la presse spécialisée – en particulier *L'Équipe* – avant octobre.

La Fédération n'a pas brillé par sa transparence. En contradiction avec les beaux principes et les belles déclarations d'intention dont elle aime se gargariser. D'où le sentiment désagréable que les règlements sont appliqués de manière discrétionnaire, au gré d'intérêts et de considérations qui n'ont pas toujours grand-chose à voir avec l'éthique sportive. Mais bon, passons, je dois sûrement faire preuve de naïveté et ne pas toujours comprendre le dessous des cartes.

Cette histoire m'a agacé. Je n'en ai pas parlé avec Frédérick, j'ai bien senti qu'il s'agissait là d'un terrain glissant et qu'il se montrait plutôt tendu quand le sujet revenait dans les conversations. Mais j'avais du mal à le regarder de la même manière après cet épisode, même si nous avons disputé ensemble des courses de relais. Dans ce genre de situation, la suspicion a vite fait de s'installer. De son côté, il a toujours clamé qu'il n'avait fait usage de ce produit qu'une fois et sans savoir, sans la moindre volonté de se doper. Aucun élément ne permet de remettre en question cette affirmation.

Mes amis les Marseillais

Ah, ces Marseillais…

Je veux parler des membres du cercle des Nageurs de Marseille. Je les aime bien, ces gars-là. Fabien Gilot, Frédérick Bousquet, Florent Manaudou, Camille Lacourt… Je les aime bien, mais j'aime surtout les chambrer ! Aux championnats de France, en 2012, le premier jour de l'épreuve, j'avais remporté le cinquante mètres nage libre devant Manaudou. Quand le journaliste d'Eurosport m'avait demandé un commentaire, je m'étais contenté de répondre : « Paris : 1, Marseille : 0 ! » avant de m'éclipser, pas mécontent de ma petite pique et de mon clin d'œil à la rivalité historique entre le PSG et l'OM. Le lendemain, au deux cents mètres, j'avais fini deuxième, derrière Yannick Agnel qui nageait pour l'Olympic Nice Natation. J'avais continué sur ma lancée de la veille, en me contentant d'un « Paris mène toujours 2-0 ! ». Certains en avaient fait tout un fromage, comme si j'avais manqué de respect à mes adversaires, alors que j'avais juste envie de les titiller un peu.

*

* *

La rivalité sportive entre nous est une réalité. Et l'appartenance à des clubs concurrents contribue à l'alimenter. Certains aimeraient sans doute croire à la belle histoire d'une amitié indéfectible entre les nageurs, unis par la pratique quotidienne d'un sport exigeant et par la volonté de servir leur pays lors des grandes compétitions internationales. Il n'y a guère que les épreuves de relais pour nous souder autour d'une cause commune, celle de la victoire de l'équipe de France. Avant cette épreuve, nous nous entraidons, nous nous parlons sans cesse, nous oublions que nous nageons d'habitude les uns contre les autres. Nous fonctionnons vraiment ensemble et nous formons une véritable équipe.

Le reste du temps, nous sommes plus des adversaires que des partenaires, même si nous pouvons nouer des relations d'amitié plus ou moins fortes entre nous. Plus ou moins sincères et plus ou moins durables, aussi. Car, dans ce milieu, la camaraderie n'est parfois qu'une apparence. Cette situation me fait penser aux enfants qui partent en colonie et se jurent une amitié éternelle au moment de se séparer pour rentrer chez eux. Quelques jours plus tard, ils ont déjà oublié les copains qu'ils s'étaient trouvés pendant les vacances. Entre nous, c'est la même chose.

À croire que nous sommes restés de grands enfants… Chacun rentre dans son club, l'identité de celui-ci prend le dessus sur toute autre considération et l'hypocrisie habituelle reprend ses droits.

Pourtant, si on les prend un par un, les Marseillais sont les mecs les plus *cool* et les plus sympas du monde. Mais quand ils sont ensemble, au secours ! Je ne sais pas pourquoi ils se transforment, comme si une vilaine sorcière leur avait jeté un sort. Il faut les voir en train de bomber le torse, comme s'ils étaient Monsieur Univers ou les rois de la création… Ils obtiennent de bons résultats, mais ils ont un peu trop tendance à se prendre pour ce qu'ils ne sont pas. J'ai envie de leur dire : « Oh, calmez-vous, les gars, vous n'êtes pas non plus les Zlatan de la natation, hein ! » Je me souviens d'une conversation avec l'un d'eux, pendant les championnats du monde à Barcelone, en 2013. À un moment, je ne sais plus pourquoi, nous avons parlé de nos salaires. Il m'a regardé avec de grands yeux incrédules, l'air de dire : « C'est pas vrai, tu ne gagnes QUE ça ? » Il m'a appris que le nombre de ses amis sur Facebook était essentiel à ses yeux et qu'il le comparait régulièrement à celui des autres nageurs. Il me semblait que le nombre de lignes sur un palmarès était une chose bien plus importante que la notoriété virtuelle. Il n'avait que trois années d'expérience au plus haut niveau, il devait se contenter pour le moment de titres de champion d'Europe et de champion du monde, et il aurait le droit de se prendre au sérieux quand il décrocherait une médaille olympique. Depuis, il court toujours après un titre aux Jeux. Il finira peut-être par le décrocher, un jour...

*

* *

La vie des Marseillais n'a rien de glamour. Ils nagent, ils prennent des protéines, ils traînent avec les filles faciles d'un bar un peu glauque, sur la plage des Catalans. Ils envoient des tweets en s'imaginant qu'ils ont autant de *followers* que David Beckham, et ils se retrouvent à faire les beaux avec un melon gros comme ça. Quand ils montent à Paris, ils s'installent à l'hôtel Amour, persuadés de prendre une chambre dans le nec plus ultra du chic. Quand je les vois, tous ensemble en train de faire les beaux, on dirait vraiment des « cagoles » qui montent à la capitale !

Camille Lacourt, la notoriété lui est tombée dessus sans prévenir pendant les championnats d'Europe de Budapest, en 2010. En sortant du bassin, il a fait ce que font tous les nageurs : il a secoué la tête pour enlever l'eau qui était entrée sous son bonnet de bain. Au même moment, un rayon de soleil qui passait par là a illuminé son visage. Et le destin a voulu qu'un photographe appuie sur le déclencheur à cet instant précis... Avec ses cheveux blonds, ses yeux bleu-gris transparents, son sourire, il ressemblait à un dieu nordique. Il n'en fallait pas plus pour que naisse l'image de Camille, mélange de mannequin haut de gamme et de tombeur à l'italienne.

En 2012, il a été champion d'Europe et du monde. C'est à ce moment-là que sa carrière a décollé. Sa trajectoire a été rapide. Camille est arrivé assez tard dans notre sport. Il a commencé par le pentathlon moderne. Il a signé un contrat publicitaire avec la marque Clarins, qui lui a sans doute permis d'assurer son avenir financier. On l'a vu sur tous les plateaux de télé. À un moment, il aurait dû arrêter de répondre à toutes ces sollicitations. Il est arrivé aux Jeux rincé, complètement épuisé, pas sur le plan physique, mais plutôt sur le plan psychologique. Il lui fallait gérer en même temps le sportif et l'extra-sportif, ce qui n'a rien de facile. Il était beaucoup trop dans l'univers *people*, on le courtisait sans arrêt et il ne disait jamais « non ». Et comme il sortait avec une Miss France, il était encore plus demandé.

Les sponsors et le public nous sollicitent parfois beaucoup trop. Difficile de garder la tête froide quand le pognon et la gloire nous tombent dessus. Sans compter que, pendant qu'on fait le guignol, on ne s'entraîne pas. Les marques ne comprennent pas toujours qu'une simple séance photo d'une demi-journée nous prend trop de temps. Un nageur est censé aligner les longueurs, pas faire le beau à longueur de temps devant une caméra ou un appareil photo. Et à force de jouer les mannequins, on risque de perdre de vue son véritable objectif et de ruiner ses chances de médaille. Camille réalisait de bons temps à l'entraînement, mais il s'est planté pendant les compétitions. Aux Jeux, il n'a pas décroché une seule médaille. Il a dû se contenter d'une quatrième place au cent mètres dos, pourtant l'une de ses spécialités.

Je dois admettre que le fait de vivre avec une femme quand on se prépare à une compétition n'est pas toujours une bonne idée. Certains ont besoin d'une présence à leurs côtés, ils apprécient un soutien moral qui les aide à se concentrer sur leur objectif. Les Jeux olympiques ne reviennent que tous les quatre ans. C'est un événement important pour un sportif, et il faut le placer dans des conditions idéales pour lui donner toutes ses chances. Certains recherchent la sérénité, d'autres aiment se mettre minable pour se vider la tête avant d'entrer dans une vie monacale et de se couper du monde.

Mais que fait la « Fédé » ?

Frédérick Bousquet est régulièrement mis en avant, à juste titre, lors des actions de communication organisées par la Fédération, comme « Génération Natation ». Cette opération, organisée en mai 2014, était destinée à promouvoir l'apprentissage de la natation et à susciter des vocations parmi les enfants. Il présente bien, son élocution est parfaite, il sait trouver les mots qu'il faut… Je suis convaincu qu'il renvoie une bonne image de notre sport, notamment en direction des jeunes. Sur un plateau de télévision, il est parfait dans le rôle d'ambassadeur de la natation française. Raison de plus pour se montrer irréprochable. Et de ce point de vue, il me semble que les dirigeants de la Fédération ne sont pas à l'abri des reproches. Plutôt que de garder le silence sur son « histoire d'hémorroïdes », ils auraient eu tout intérêt à dire les choses et à jouer la transparence. C'est la réputation et l'avenir de la natation française qui est en jeu dans une affaire comme celle-là.

À propos de la Fédération, il y aurait beaucoup à dire sur son mode de fonctionnement – ou de non-fonctionnement, pour être plus juste. Si je devais résumer son rôle et son apport à la natation française, il me suffirait d'un mot : nul. Le néant, avec un « N » majuscule. Le vide absolu. Elle ne fait rien. Rien de pertinent, rien d'efficace, rien d'utile. Elle se contente de gérer, en bon père de famille, les performances et les exploits des nageurs français. Elle est dirigée pour l'essentiel par des dinosaures qui ne s'intéressent qu'à leur poste, au pouvoir et aux avantages qu'il procure, en espérant pouvoir s'accrocher assez longtemps et profiter le plus possible du système.

Pour écumer les bons restos, siffler de grands vins et se remplir la panse, on trouve toujours des volontaires parmi eux. Lors des compétitions, les membres de la Fédération étaient deux fois plus nombreux que les nageurs engagés. Mais, dès qu'il s'agit de mettre en place une politique sportive digne de ce nom et des partenariats valorisants qui donneraient une plus grande visibilité à notre sport, ils sont tous aux abonnés absents. La natation française a vécu une période dorée à partir de 2004 et pendant une dizaine d'années. C'est à ce moment-là qu'une génération exceptionnelle a éclaté et s'est imposée. La « Fédé » n'y est pour rien. Elle s'est contentée de regarder et de suivre le mouvement, en engrangeant les gains – financiers, mais aussi en termes d'image. Elle a bénéficié d'une chance historique dont rêverait n'importe quelle fédération sportive : l'éclosion d'athlètes qui ont amené leur sport au sommet, ont engrangé une quantité incroyable de médailles et ont donné envie à des milliers de gamins de se lancer à leur tour dans la natation. S'ils ont émergé et s'ils se sont bâti une carrière, le mérite n'en revient pas à la Fédération. C'est grâce à eux et à leurs entraîneurs, grâce à leur talent, à leur volonté et à leur travail. La nouvelle vague n'a pas les mêmes qualités que celle qui l'a précédée, mais il ne faut pas lui en vouloir : on ne peut pas non plus faire apparaître des nageurs d'exception tous les ans. En revanche, il me semble légitime de reprocher aux dirigeants de ne pas avoir mis en place une politique de détection de nouveaux talents. À l'époque où je nageais, je croyais que les spectateurs s'éclataient autant qu'un supporter de foot qui se rend au stade. Je n'avais aucune vision d'ensemble d'une compétition. J'étais dans ma bulle, en pleine concentration, avec le casque sur les oreilles. Si j'avais su… Par curiosité, j'ai assisté aux championnats de France, à Chartres, en avril 2014. Je suis parti au bout d'une demi-heure. C'était lamentable, il n'y avait aucune ambiance et les officiels étaient plus nombreux que les spectateurs dans les tribunes. C'est là que j'ai pris conscience de la médiocrité du championnat de France de natation, du point de vue du spectacle et du divertissement. J'ai l'impression que le maître-mot de ce genre d'événement est « ennui »… J'espère que des opérations comme « Génération Natation » permettront de faire rêver les mômes et de leur donner envie d'enfiler un maillot de bain en rêvant de devenir le prochain Florent Manaudou. Mais, pour l'instant, je demande à voir.

*

* *

En réalité, j'ai le sentiment que la « Fédé » se moque éperdument de ses athlètes. Elle ne voit en eux qu'une poule aux œufs d'or, un instrument de prestige dont la reconnaissance rejaillit sur elle, un formidable outil de promotion. Elle est pilotée par d'anciens nageurs qui n'ont connu qu'une carrière médiocre et n'ont aucune vision stratégique de leur sport. Tout le monde savait que cette génération était unique, mais personne n'a songé à préparer la relève et à favoriser l'apparition d'une nouvelle lignée de nageurs. Les pontes de la natation française se sont contentés de faire sonner le tiroir-caisse et de se faire mousser sur notre dos, mais ils n'ont jamais pris la peine de réfléchir à l'après-Manaudou, comme si nous étions éternels.

Pourtant, la Fédération a de l'argent. Mais elle n'a jamais été capable de l'utiliser de manière intelligente. Le seul qui a eu le mérite de faire bouger les lignes, c'est Claude Fauquet, qui a été directeur technique national pendant sept ans, de 2001 à 2008. Il en a eu marre de constater qu'il n'y avait le plus souvent que des « touristes » lors des compétitions internationales. Il a durci les temps de sélection afin de relever le niveau des nageurs français, il a augmenté le nombre de médecins et de kinés, il a favorisé la mise en place d'une véritable politique en matière de diététique. Claude Fauquet a apporté un professionnalisme qui faisait cruellement défaut. Son action a été bénéfique, mais il a été le seul à mettre en place une véritable politique destinée à améliorer les performances de la natation française. Le président actuel, Francis Luyce, n'a à mon sens aucune vision de l'avenir : il sait qu'il restera en place jusqu'en 2016. « Après moi, le déluge » ? Quand il a su que je m'étais reconverti dans les médias et que je travaillais pour la chaîne beIN Sports, il s'est empressé de m'inviter à déjeuner. Au moins, personne ne l'accusera d'abus de bien social : il s'est contenté de m'emmener au Courtepaille situé à côté de la tour Essor, à Pantin, où est installé le siège de la « Fédé ». S'il m'a invité, ce n'est pas pour me remercier de mes bons et loyaux services en faveur de la natation française. Il espérait que la chaîne achète à la Fédération les droits de retransmission des compétitions.

*

* *

Je suis prêt à parier que des nageurs comme Alain Bernard, Fabien Gilot ou Florent Manaudou entreront un jour dans les instances dirigeantes de la Fédération. Je suis convaincu que cette dernière pourrait jouer un rôle important afin de contribuer au renouveau de la natation française. Elle ferait bien de s'inspirer du fonctionnement de certaines de ses homologues à l'étranger. Dans de nombreuses fédérations, les anciens nageurs s'impliquent au service de leur sport. Ils partagent leur expérience et utilisent leur notoriété pour donner envie aux jeunes de pratiquer la natation. Marcel Wouda, qui a été le tout premier champion du monde néerlandais – il était surnommé « l'albatros » en raison de l'envergure impressionnante de ses bras –, appartient aujourd'hui à l'encadrement de l'équipe des Pays-Bas. On le voit toujours autour des bassins lors des grandes compétitions. En France, ce n'est pas la peine de chercher un ancien nageur dans ce genre de circonstance : on dirait qu'ils ont disparu du paysage.

J'en avais discuté avec Christian Donzé, l'ancien directeur technique national. Nous partagions les mêmes idées sur ce sujet, mais il n'a pas eu le temps de mettre en place les réformes nécessaires avant son décès, en 2012. En France, la Fédération presse les nageurs comme des citrons avant de les jeter à la poubelle comme des malpropres quand ils arrivent en fin de carrière. Rien n'est entrepris pour mettre en place une véritable relève. Il suffirait de pas grand-chose pour donner envie aux jeunes générations de s'engager dans la natation. Je crois beaucoup aux rencontres avec les gamins. Il suffit de voir leur regard émerveillé quand ils croisent d'anciens champions médaillés olympiques : il n'y a pas mieux pour susciter de nouvelles vocations ! Je n'ai aucune intention de devenir entraîneur – j'avais déjà du mal à me lever tôt le matin pour moi, je m'imagine mal me faire violence et être debout aux aurores pour les autres… En revanche, j'adorerais discuter avec des mômes, les faire rêver en leur parlant de mes courses, de mes voyages et de tout ce que le sport m'a apporté. Une médaille reste le meilleur ambassadeur pour promouvoir un sport, quel qu'il soit. J'aimerais aussi donner un coup de main aux jeunes nageurs. Je me souviens de mes premières compétitions, en junior : j'aurais bien aimé qu'un ancien soit présent à mes côtés pour me rassurer, m'encourager et me donner des conseils. Quand on débute dans le sport de haut niveau, on est facilement sujet au stress, on ne sait pas toujours dominer la pression et on se sent parfois un peu seul face à des enjeux qui nous dépassent.

Aujourd'hui, je ne suis pas très optimiste quant à la natation française de demain, alors même que ce sport garde encore une marge de progression importante. C'est dommage. Mais puisque l'on ne sait jamais ce que l'avenir nous réserve, je ne demande pas mieux qu'il me donne tort.

Vive la retraite !

Août 2013. Cette fois, j'arrête. Pour de bon. Pour toujours.

J'en ai marre de la natation. Ce n'est pas la première fois que je dresse ce constat, mais, là, c'est du sérieux. J'ai envie d'autre chose, envie d'une autre vie et d'autres défis. Je crois que j'ai fait le tour de la question. Je n'ai plus rien à prouver, j'ai dû battre une trentaine de records de France et gagner cent cinquante médailles, toutes compétitions confondues – je n'ai jamais fait le compte précis, elles dorment dans des cartons, quelque part chez ma mère. Si j'ai des enfants, plus tard, ils pourront toujours les ressortir et jouer avec si ça les amuse. Je ne suis pas du genre à les accrocher au mur comme d'autres accrochent des trophées de chasse. J'ai vécu des moments forts, je suis monté sur les podiums, j'ai été fier de les porter autour du cou sur le moment, mais, voilà, c'est du passé.

Bien sûr, j'aurais pu continuer encore quelques années. À vingt-sept ans, on n'est pas fini pour la natation, même à haut niveau. Mais à quoi bon ? Pour glaner quelques médailles supplémentaires ? Ce n'est pas ça qui aurait changé ma vie. L'excitation de la compétition, le bonheur de la victoire, la satisfaction que l'on éprouve à gagner ou à battre un record, tout cela, je l'ai vécu. Ce n'est pas un coup de tête. Je crois que l'envie de tout arrêter était là depuis quelque temps déjà. Elle n'attendait que l'occasion de remonter à la surface et de s'imposer à moi, comme une évidence. Mieux, comme une nécessité. J'ai toujours eu peur de faire partie de ces athlètes qui font la saison de trop, ou d'éternels retours ratés. Ian Thorpe, retraité depuis 2006, avait annoncé qu'il revenait à la compétition en 2011, mais il ne s'est pas qualifié. Et Laure, qui effectue son retour aux JO de 2012, ne va même pas en finale… J'ai bien senti, après les Jeux de Londres, que j'avais perdu la « niaque ». La motivation s'était envolée. Pire, je me suis aperçu que je n'en avais plus rien à faire : de la natation, de la compétition, des titres, de la reconnaissance. Je m'en foutais, mais alors complètement ! Le contrat avec Lagardère est arrivé à son terme en 2012. J'aurais peut-être dû jeter l'éponge à ce moment-là, mais j'ai fait comme si de rien n'était.

Je suis parti à Narbonne, avec Philippe Lucas. Il m'avait fait miroiter un gros contrat dont je ne verrais jamais la couleur. « Une offre intéressante pour qu'il reste », selon ses propres termes. Pour être autorisé à nager, il me fallait un engagement en bonne et due forme, mais les dirigeants de Narbonne ne disposaient pas d'un budget suffisant pour me rémunérer. J'ai donc repris une licence à Mulhouse, à charge pour moi de participer aux compétitions en défendant les couleurs de mon ancien club. La pratique est courante dans la natation. À Mulhouse, ils étaient contents que je les rejoigne, tout le monde les avait quittés et ils n'avaient plus de nageur de premier plan.

Je me suis bien plu à Narbonne. J'y suis resté six mois. Je connaissais tout le monde dans mon quartier et j'avais de bonnes relations avec le maire de la ville. J'ai moins apprécié le froid, la neige et la pluie. La piscine était en plein air, comme au Racing. Et même si l'eau était à vingt-huit degrés, il fallait vraiment prendre sur soi quand les machines tombaient en panne... Philippe m'a obligé à nager le lendemain du réveillon, il pleuvait des cordes et il caillait comme pas possible, mais il n'a rien voulu entendre. Il ne changera jamais, celui-là... J'ai participé aux championnats de France, à Rennes, au mois d'avril 2013, où je me suis qualifié pour les championnats du monde. Je me demande encore comment ! Ensuite, j'ai arrêté de nager pour faire la fête. Aucune échéance sportive ne m'excitait vraiment. J'ai tout de même réussi à remporter une médaille d'or au relais quatre fois cent mètres, ce qui était inespéré. Puis je me suis mis au service des autres nageurs de l'équipe. Je leur apportais des céréales et je les fournissais en bouteilles d'eau minérale. Là, j'ai compris que c'était terminé pour moi. Et, en revenant à Paris, j'ai pris ma décision : il fallait que j'arrête.

Pourtant, j'aurais bien aimé participer une dernière fois aux Jeux, en 2016. Rio de Janeiro et le Brésil, c'est une destination qui ferait rêver le plus blasé d'entre nous. J'aurais pu continuer, mais la magie s'était envolée, en grande partie à cause de l'hypocrisie qui règne dans ce milieu. Je ne supportais plus les relations superficielles, les faux-semblants, les grands sourires en face et les coups de poignard dans le dos. Quand on a besoin de toi, tu es le plus beau, le plus grand et le plus fort. La Fédération va uniquement vers ceux qui gagnent, incapable de nous remotiver. Quand tu ne sers plus à rien, on te crache dessus. Et si l'envie n'est plus là, il est préférable de raccrocher.

Je me suis dit aussi que ce n'était pas une mauvaise idée d'arrêter avant tout le monde. En 2016, une bonne partie du sport français va prendre sa retraite. Il risque d'y avoir un bel embouteillage sur le marché, autant avoir un peu d'avance sur les autres. Les possibilités de reconversion ne sont pas infinies, les postes de consultants à la télé sont limités et tout le monde ne pourra pas bénéficier de contrats publicitaires intéressants. Si on ne veut pas se recycler dans l'ostéopathie, on peut devenir trader comme Clément Lefort. Je suis très excité à l'idée de démarrer une nouvelle carrière, autant mettre toutes les chances de mon côté.

*

* *

Depuis que j'ai pris ma décision, je me porte bien, merci. Je n'ai jamais pensé à effectuer mon retour. Ma vie d'avant est derrière moi et j'entends bien qu'elle y reste. Je suis conscient de ma chance : j'ai vécu une première expérience passionnante, j'en démarre une autre qui n'a rien à voir, mais qui me motive. Tout le monde n'a pas ce privilège de pouvoir vivre plusieurs vies. J'aurais très bien pu passer à côté de la mienne. Si Vincent Léchine ne m'avait pas repéré, si ma mère n'avait pas accepté de me laisser partir à Besançon, j'aurais sûrement bossé en usine, je serais resté tout maigre comme je l'étais à l'adolescence et je n'aurais peut-être jamais quitté la région de Delle. Quand j'y pense, je me dis que j'ai eu de la chance, beaucoup de chance. Aujourd'hui, je ne suis pas frustré, je ne suis pas aigri, je ne suis pas nostalgique. Mieux, je suis heureux. Que demander de plus ?

La natation m'a beaucoup apporté, mais je crois que je lui ai aussi apporté quelque chose, tout comme les autres nageurs de ma génération. Nous avons donné un nouvel élan à notre discipline et nous avons contribué à accroître sa médiatisation. Nous avons aussi transmis à des milliers d'enfants le virus de notre sport et l'envie de se lancer à leur tour dans le grand bain. Et puis je n'allais pas nager jusqu'à la fin de mes jours. Au bout d'un moment, on en a fait le tour.

Bien sûr, je peux toujours me demander ce que j'aurais pu faire de mieux. J'aurais pu continuer à m'entraîner avec Lucas, par exemple – mais au risque de me « cramer » sur le plan physique et de passer à côté des performances que j'ai accomplies sans lui. J'aurais pu continuer pour gagner plus de médailles aux Jeux – mais, avec trois d'argent et une d'or, je suis comblé. J'aurais peut-être dû ne pas laisser les dirigeants de Mulhouse prendre en main tout ce qui relevait du domaine extra-sportif – mais, s'ils m'avaient lâché la bride, je serais peut-être parti en vrille, au risque de gâcher la suite de ma carrière.

*
* *

Aujourd'hui, je multiplie les activités. Je suis consultant pour la chaîne beIN Sports, où je commente les épreuves de natation. Je participe à l'émission « Les grandes gueules du sport » sur RMC. Je prospecte des sportifs professionnels afin de les inciter à souscrire aux produits d'assurance du groupe Gras Savoye. Je cherche des partenaires pour le tournoi de rugby sur neige des Six Stations. Je donne des cours de natation à des personnes qui se sont fait opérer ou qui ont subi des accidents graves, comme des ruptures d'anévrisme, ou à des mamies de 70 ans. Je leur donne des conseils, je leur suggère des petits trucs et des astuces. J'aime bien, je suis plus patient qu'un maître-nageur traditionnel et je les fais profiter de mon expérience.

J'ai aussi monté deux entreprises : une société de relations publiques, qui me permet de vendre mon image en participant à divers événements, et une société de conseil.

Je propose à des sportifs, à des dirigeants ou à des cadres supérieurs de les rencontrer pour les faire bénéficier de mon expérience du haut niveau. Les problèmes que rencontre un chef d'entreprise ne sont pas si éloignés de ceux auxquels un sportif professionnel doit faire face. J'ai toujours aimé les gens et les relations avec les autres, et je ne compte plus les discussions que j'ai pu avoir avec des copains nageurs qui se posaient des questions sur eux-mêmes, sur leur avenir ou sur la meilleure manière d'améliorer leurs performances. C'est un travail différent de celui qu'effectue un préparateur mental, il s'agit plutôt de développement personnel et d'un rôle de coach. J'interviens aussi dans des entreprises en donnant des conférences sur les thèmes du dépassement ou de la maîtrise de soi.

Grâce à la natation, j'ai eu la chance de suivre des études supérieures. C'était l'une des demandes que j'avais faite au moment de rejoindre Lagardère. J'ai été inscrit à Sciences-Po pendant un an, à raison de trois cours par semaine. J'avais envie d'apprendre et de rattraper le temps perdu. Se retrouver sur les bancs de l'école, dix ans après l'avoir quittée, c'est passionnant. Mais c'est loin d'être évident… J'ai découvert la vie d'étudiant, en compagnie de jeunes de mon âge qui ne se consacraient qu'à leur travail scolaire, à plein temps, sans contrainte d'aucune sorte, ce qui est un énorme avantage. J'ai étudié le marketing, la communication, l'économie et d'autres matières. Cette expérience a été très enrichissante, même s'il n'était pas toujours simple de concilier les horaires de cours, le travail à la maison et une carrière au plus haut niveau. Je recevais une montagne de « polycopiés » que je devais ingurgiter en dépit de mes horaires d'entraînement et de la fatigue quotidienne.

*

* *

Il y a du nouveau dans ma vie... En octobre 2014, j'ai rencontré Elizaveta. Elle est belle, intelligente, séduisante, irrésistible... En un mot, j'ai eu le coup de foudre !

Nous nous sommes plu, nous nous sommes revus, nous nous sommes embrassés, mais nous n'avions aucune idée de ce qui se passerait par la suite. Nous sommes partis tous les deux en amoureux, le temps d'un week-end. Ces deux jours ont été merveilleux. Notre histoire prenait une tournure imprévue et je trouvais que c'était très bien comme ça. Notre relation relevait de l'évidence, comme si une mystérieuse alchimie nous unissait et nous rattachait l'un à l'autre.

Tout est allé très vite. En règle générale, je n'aime pas perdre de temps et je vais droit au but, dans un bassin comme dans la vie. Mais là, je crois que j'ai battu un nouveau record : deux mois après notre rencontre, nous avons emménagé dans un appartement parisien. Et surtout, au même moment, Elizaveta m'a appris qu'elle était enceinte...

J'ai montré les images de l'échographie à des copains. Ils ont trouvé qu'il – ou elle – battait des bras à la manière de son papa. « C'est marrant, il nage comme toi », m'a dit un pote. Ma réponse a fusé : « Surtout pas ! » Je n'ai aucune envie que mon futur enfant connaisse la même existence que la mienne, à tirer de l'eau à longueur de journée et à passer son temps les yeux dans le chlore, comme si le monde et la vraie vie s'arrêtaient aux portes des piscines. Mais je suis bien placé pour savoir qu'il fera ce qu'il voudra et que nos certitudes ne pèsent pas lourd face aux surprises de la vraie vie.

En ce qui me concerne, une seule chose est certaine : je ne suis pas retourné nager pour le plaisir dans une piscine depuis que j'ai arrêté ma carrière. Je ne m'en porte pas plus mal, au contraire. Je me sens plus léger, comme si je m'étais libéré d'un poids qui pesait sur mes épaules. Et j'ai bien l'intention de ne jamais y remettre les pieds !

Sauf, peut-être, pour accompagner mes futurs enfants s'ils manifestent un jour l'envie de nager. Mais ça, c'est une autre histoire…

Remerciements

L'Éditeur tient à remercier Valentin Kowalski et Clara Paban.

Table des matières

Prologue 7

Faire la bombe 13
Enfance 19
Tous aux Restos ! 23
Dans ma cité 27
Apprentissage 31
Profession : galérien 37
Nouvelle vie, nouvel Amaury 45
Sale gosse 53
Routine 69
Magie des Jeux 77
Frustration 83
Brazil 87
Pétage de plombs 93
Money, money, money 99
Entre les lignes (de cocaïne) 103

Smicard 111
Mes amis les journalistes 121
Les lois du marketing 127
Star-système 137
À nous deux, Paris ! 145
Lucas, et puis c'est tout ! 149
Relax 157
Sirènes 165
Laure M. 171
Garde-chiourme 177
Tous au McDo ! 181
Londres 185
Mon père 193
Dopage 207
Crise d'hémorroïdes 219
Mes amis les Marseillais 223
Mais que fait la « Fédé » ? 229
Vive la retraite ! 237

Remerciements 247

Composition et mise en pages
Nord Compo à Villeneuve-d'Ascq

Impression réalisée par
CPI BRODARD ET TAUPIN
La Flèche

pour le compte des Éditions Fayard
en avril 2015

PAPIER À BASE DE
FIBRES CERTIFIÉES

Fayard s'engage pour
l'environnement en réduisant
l'empreinte carbone de ses livres.
Celle de cet exemplaire est de :
0,850 kg éq. CO_2
Rendez-vous sur
www.fayard-durable.fr

Imprimé en France
Dépôt légal : avril 2015
N° d'impression : 3010728
87-2232-7/01